IGBO

DI

NFE

by
SUNNY ABAKWUE

Gotham Books

30 N Gould St.
Ste. 20820, Sheridan, WY 82801
https://gothambooksinc.com/

Phone: 1 (307) 464-7800

© 2024 *Sunny Abakwue*. All rights reserved.

No part of this book may be reproduced, stored in a retrieval system, or transmitted by any means without the written permission of the author.

Published by Gotham Books (March 1, 2024)

ISBN: 979-8-88775-737-7 (H)
ISBN: 979-8-88775-735-3 (P)
ISBN: 979-8-88775-736-0 (E)

Because of the dynamic nature of the Internet, any web addresses or links contained in this book may have changed since publication and may no longer be valid.

The views expressed in this work are solely those of the author and do not necessarily reflect the views of the publisher, and the publisher hereby disclaims any responsibility for them.

USORO-ỌGỤGỤ:

OKWU NDỤMỌDỤ 1
ṄKPỤRỤ-OKWU N'ASỤSỤ IGBO 2
ṄKPỤRỤ-OKWU DI NTAKIRI 3
ỤDA-UME NA-ASỤSỤ IGBO 4
MGBOCHI-UME N'ASỤSỤ ANYI 5
MKPỤRỤ OKWU BARA URU KARỊA IBE YA 6
NJIKỌTA MKPỤRỤ-OKWU ABỤỌ 7
NJIKỌTA ṄKPỤRỤ-OKWU ATỌ 11
NJIKỌTA ṄKPỤRỤ-OKWU ANỌ 13
AHA-OKWU MA-OBỤ OKWU-NA-AHA YA 16
IJE-OKWU MA-ỌBỤ OKWU-NA-IJE YA 18
NDE-AHA: NDE-AHA BỤ OKWU NA-EWERE OKWU-NA-AHA YA. 19
NZE-OKWU: NZE-OKWU BỤ OKWU NA-EWERE ỌNỌDỤ OKWU-NA-IJE YA. 20
IWERE NZE-OKWU SỤA ASỤSỤ 21
ỌNỤ ỌGỤGỤ 22
ỌNỤ ỌGỤGỤ: (SITE NA NARII-NA-OTU RUE NA NARII ABỤỌ) 24
ỌNỤ-ỌGỤGỤ: (SITE NA NARII-ABỤỌ-NA-OTU RUE NA NARII-ATỌ). 27
ỌNỤ-ỌGỤGỤ: (SITE NA NARII-ATỌ-NA-OTU RUE NA NARII-ANỌ). 30
ỌNỤ-ỌGỤGỤ: (SITE NA NARII ANỌ NA OTU RUE NA NARII ISE) 33
NỤ-ỌGỤGỤ: (SITE NA NARII ISE NA OTU RUE NA NARII ISII) 36
ỌNỤ-ỌGỤGỤ: (SITE NA NARII ISII NA OTU RUE NA NARII ASAA) 39
ỌNỤ-ỌGỤGỤ: (SITE NA NARII ASAA NA OTU RUE NA NARII ASATỌ). 42
ỌNỤ-ỌGỤGỤ: (SITE NA NARII ASATỌ NA OTU RUE NA NARII ITOOLU) 45
ỌNỤ-ỌGỤGỤ: (SITE NA NARII ITOOLU NA OTU RUE NA PUKU). 48

OGE	51
OMUME NDI-IGBO	62
EKELE	64
IMA-AKA	67
ONYINYE	68
IGBA-EGWU	71
IKPERE CHINEKE	73
ỤDA-OKWU NA OKWU NTABI-IRE	74
OKWU BANYERE AZỤ:	78
OGE ERUWO KA-ANYI LEBARA OKWU ABỤỌ ỌZỌ ANYA	79
NKỌWA NKE OKWU ISE NDIA	83
AHA DI ICHE ICHE DIKA MKPỤRỤ-OKWU ANYI SI DI	85
ABỤ MA-ỌBỤ UKWE	97
AKWỤKWỌ NA-ATỌ ỤTỌ	99
SỤA ASỤSỤ ANYI	100
TULEE AJỤJỤ NDIA	101
IHE ESERE ESE	105
AÑỤ	108
EHI	109
OSISI	110
ỌTA-ARỤRỤ	113
ỤGO	115
MMADỤ	116
ỤLỌ N'OBODO ANYI	120
ỤLỌ NDI NWE-OBODO N'OBODO NDI-ỌCHA	121
ỤLỌ ANYI MARA MMA	122
OCHE	123
MBE	124
MBE	125
ỤGBỌ-ELU	126
ỤGBỌ-MMIRI	128
ONYE-AGHA	130
ONYE ỌCHICHI	131
ỤLỌ-AKWỤKWỌ	134
AGỤ-IYI	136
ENYI (ENYI MMIRI)	137
ỌDỤM	138
BELEKUKU	139
AGỤ	141
UDELE	142
NDURI	143

NWA-OLOGBO	144
ỌKỤKỌ	146
ỌMA-AHIA	148
OGBU-NKWỤ	150
DI-OCHI	152
ODE-AKWỤKWỌ	154
DIBIA	156
MMIRIOZUZO	158
EGWURUGWU	160
MKPARA	162
NDI NA-ETI ỌKPỌ	163
NDI NA-AGBA MGBA	164
ONYE NA-ARARỤ ỤRA	166
ỌJI NA OSE-ỌJI	167
AKWỤKWỌ:	168
MKPISI-AKWỤKWỌ	170
INYINYA-IBU	171
NSIKỌ	172
ỤKPAKA	173
AJỤ-UDU	174
ILU NA OKWU YIRI IBE YA	176
AKWỤKWỌ-OZI: (NDUMỌDỤ NYE GI)	181
EWO, CHINEKE M	186
ECHEGBULA ONWE GI	189
AKỤKỌ-IFE NA ILU NDI-IGBO	195
ILỤ DI OMIMI (ILU NDI IGBO)	200
AKỤKỌ-IFE NDI-IGBO	202
ILU NDI-IGBO	209
AKỤKỌ-IFE NDI-IGBO	210
NKITA MARA IZU NA NWA-AGBỌGHỌ DI NZUZU	217
AKỤKỌ BANYERE NWANYI DI NZUZU	221
OKWU NA NKỌWA YA N'ASỤSỤ ABỤỌ	226
OKWU NA NTAPIA YA	235

OKWU NDỤMỌDỤ:

Asụsụ anyi mara mma nke ukwuu. Aha ya bụ asụsụ Igbo. N'ezie, asụsụ anyi di ka ọgbụgba-ndụ abụa nke akwụkwọ nsọ.

Akwụkwọ-nsọ nwere ọgbụgba-ndụ ochie na ọgbụgba-ndụ ọhụụ. Ha abụa nwere ọlụ di iche iche nke diri ha. Ụfọdụ bụ ọlụ alụrụ na-mgbe ochie. Ndi ọzọ bụ ọlụ achọrọ ka-alụa n'oge ndia.

N'ezie, asụsụ-Igbo nwere ọnọdụ di ka ọgbụgba-ndụ nke akwụkwọ-nsọ. Nke mbụ bụ asụsụ Igbo nke ndi mgbe-ochie sụrụ n'oge gara aga. Nke abụa bụ asụsụ na ọgụgụ na odide-Igbo, nke ndi ọgbụgba-ndụ ọhụụ na-asụ, na agụ, na-edekwa.

Ọgbụgba-ndụ ọhụụ di n'asụsụ, n'odide na n'ọgụgụ-Igbo. Ihe ndia emewo ka okwu-Igbo bụrụ ihe amara aha ya n'ebe nile.

Asụsụ-Igbo bụ asụsụ kwesiri ka ebulie ya elu. Ee, asụsụ Igbo mara mma. Onye-Okike gọziri ya. Nihi nkea, ibuli ya elu bụ ọlụ diri mụ na gi.

ṆKPỤRỤ-OKWU N'ASỤSỤ IGBO:

A	B	GB-(Ḅ)	D	E
F	G	GH	H	I
J	K	L	M	N
Ñ	O	Ọ	P	KP
R	S	SH	T	U
V	W	Y	Z	CH
GW	KW	NW	NY.	

ṄKPỤRỤ-OKWU DI NTAKỊRỊ:

a	b	gb (b)	d	e
f	g	gh	h	i
j	k	l	m	n
ñ	o	ọ	p	kp
r	s	sh	t	u
v	w	y	z	ch
gw	kw	nw	ny.	

ỤDA-UME NA-ASỤSỤ IGBO:

Ụda-ume bụ mkpụrụ-okwu bara uru karisia. Ọna-eme ka mkpụrụ-okwu ndi-ọzọ bụrụzie okwu zuru oke.

Ụda-ume ndia pụtara ihe n'asụsụ Igbo: A, E, I, Ị, O Ọ U Ụ. Anyi nwere ụda-ume, n'asụsụ Igbo, karia nke ndi-ọcha nwere n'asụsụ bekee. Nani ụda-ume ise ka ndi ọcha nwere n'asụsụ ha. Ma, anyi nwere ụda- ume asatọ n'asụsụ Igbo.

N'ezie, ụda-ume anyi mara mma karia nke ndi ọcha. Ha na-ejikọta nkpụrụ-okwu, meekwa ka okwu ahụ bụrụ ihe mmadụ ga-aghọta.

MGBOCHI-UME N'ASỤSỤ ANYI:

Mgbochi-ume di ọtụtụ karia ụda-ume. Ha di iri-abụọ-na-asatọ. Ha na ụda-ume bụ mkpụrụ-okwu.

Mgbochi-ume pụtara ihe n'asụsụ Igbo. Ka anyi tulee ha n'otu n'otu. Ee, ka anyi nyochakwa ha di ka ha niile si di:

B	GB-(Ḅ)	D	F	G	GH	H
J	K	L	M	N	Ñ	P	KP
R	S	SH	T	V	W	Y	Z
CH	GW	KW	NW	NY.			

MKPỤRỤ OKWU BARA URU KARỊA IBE YA:

Ụda-ume bụ mkpụrụ-okwu. Ha bara uru karia mgbochi- ume. Ewepụ ha, okwu ahụ abụrụzie ihe efu, n'ezie.

NJIKỌTA MKPỤRỤ-OKWU ABỤỌ:

BA-(ba)   BE(be)   BỊ(bi)   BỊ(bị)

BO-(bo)   BỌ(bọ)   BU(bu)   BỤ(bụ)

GBA(gba) / ḄA(ḅa)   GBE(gbe) / ḄE-(ḅe)

GBỊ(Ḅị) / gbi(ḅi)   GBO(Ḅo) / gbo(ḅọ)

GBU-(GBU) / ḄU(ḅu)   GBỤ(gbụ) / ḄỤ(ḅụ)

DA(da)   DE(de)   DI(di)   DỊ(dị)

DO(do)   DỌ(dọ)   DU(du)   DỤ(dụ).

FA(fa)   FE(fe)   FI(fi)   FỊ(fị)

FO(fo)   FỌ(fọ)   FU(fu)   FỤ(fụ)

GA(ga)   GE(ge)   GI(gi)   GỊ(gị)

GO(go)   GỌ(gọ)   GU(gu)   GỤ(gụ)

GHA(gha)   GHE(ghe)   GHI(ghi)   GHỊ(ghị)

GHO(gho)   GHỌ(ghọ)   GHU(ghu)   GHỤ(ghụ)

HA(ha)   HE(he)   HI(hi)   HỊ(hị)

HO(ho)	HỌ(họ)	HU(hu)	HỤ(hụ)
JA(ja)	JE(je)	JI(ji)	JỊ(jị)
JO(jọ)	JỌ(jọ)	JU(ju)	JỤ(jụ)
KA(ka)	KE(ke)	KI(ki)	KỊ(kị)
KO(ko)	KỌ(kọ)	KU(ku)	KỤ(kụ)
LA(la)	LE(le)	LI(li)	LỊ(lị)
LO(lo)	LỌ(lọ)	LU(lu)	LỤ(lụ)
MA(ma)	ME(me)	MI(mi)	MỊ(mị)
MO(mo)	MỌ(mọ)	MU(mu)	MỤ(mụ)
NA(na)	NE(ne)	NI(ni)	NỊ(nị)
NO(no)	NỌ(nọ)	NU(nu)	NỤ(nụ)
ÑA(ña)	ÑE(ñe)	ÑI(ñi)	ÑỊ(nị)
Ño(no)	ÑỌ(nọ)	ÑU(ñu)	ÑỤ(ñụ)
PA(pa)	PE(pe)	PI(pi)	PỊ(pị)
PO(po)	PỌ(pọ)	PU(pu)	PỤ(pụ)
KPA(kpa)	KPE(kpe)	KPI(kpi)	KPỊ(kpị)
KPO(kpo)	KPỌ(kpọ)	KPU(kpu)	KPỤ(kpụ)

RA(ra)	RE(re)	RI(ri)	RỊ(rị)
RO(ro)	RỌ(rọ)	RU(ru)	RỤ(rụ)
SA(sa)	SE(se)	SI(si)	SỊ(sị)
SO(so)	SỌ(sọ)	SU(su)	SỤ(sụ)
SHA(sha)	SHE(she)	SHI(shi)	SHỊ(shị)
SHO(sho)	SHỌ(shọ)	SHU(shu)	SHỤ(shụ)
TA(ta)	TE(te)	TI(ti)	TỊ(tị)
TO(to)	TỌ(tọ)	TU(tu)	TỤ(tụ)
VA(va)	VE(ve)	VI(vi)	VỊ(vị)
VO(vo)	VỌ(vọ)	VU(vu)	VỤ(vụ)
WA(wa)	WE(we)	WI(wi)	WỊ(wị)
WO(wo)	WỌ(wọ)	WU(wu)	WỤ(wụ)
YA(ya)	YE(ye)	YI(yi)	YỊ(yị)
YO(yo)	YỌ(yọ)	YU(yu)	YỤ(yụ)
ZA(za)	ZE(ze)	ZI(zi)	ZỊ(zị)
ZO(zo)	ZỌ(zọ)	ZU(zu)	ZỤ(zụ)
CHA(cha)	CHE(che)	CHI(chi)	CHỊ(chị)

CHO(cho)　CHỌ(chọ)　CHU(chu)　CHỤ(chụ)

GWA(gwa)　GWE(gwe)　GWI(gwi)　GWỊ(gwị)

GWO(gwo)　GWỌ(gwọ)　GWU(gwu)　GWỤ(gwụ)

KWA(kwa)　KWE(kwe)　KWI(kwi)　KWỊ(kwị)

KWO(kwo)　KWỌ(kwọ)　KWU(kwu)　KWỤ(kwụ)

NWA(nwa)　NWE(nwe)　NWI(nwi)　NWỊ(nwị)

NWO(nwo)　NWỌ(nwọ)　NWU(nwu)　NWỤ(nwụ)

NYA(nya)　NYE(nye)　NYI(nyi)　NYỊ(nyị)

NYO(nyo)　NYỌ(nyọ)　NYU(nyu)　NYỤ(nyụ).

NJIKỌTA ṄKPỤRỤ-OKWU ATỌ:

Baa, Bịa, Bie, Buo, Bụa, Bụọ, Bue.

Gba(ḅaa), Gbo(ḅoo), Gbua(ḅua)

Gbue(ḅue), Gbuo(ḅuo)

Dee, Die, Dua, Dụa.

Fua, Fue, Fụọ, Fuo.

Gaa, Gua.

Ghaa, Ghua, Ghue, Ghọọ

Hia, Hua, Hue, Hụa

Jee, Jie, Jụa

Kua, Kue, Kuọ, Kụọ

Lua, Lụa, Lue, Lie, Lọọ, Laa.

Mia, Mie, Mua, Mụa.

Nua, Nọọ, Nnọ, Nna, Nne

Ñụa, Ñụọ

Pia, Pue, Pụa

Rie, Rue, Rụa

Sụa, Sie, Suo, Sụọ

Shie.

Tie, Tụa

Vue, Vua, Vọọ

Wue, Wụa, Wọọ

Yie

Zua, Zụa, Zie

Chia, Chua, Chụa, Chaa, Chee Gwọọ, Gwue

Kwa, Kwaa, Kwua, Kwụa, Kwue

Nwee, Nwua, Nwue.

Nya, Nyua, Nyue, Nyia.

NJIKỌTA ṄKPỤRỤ-OKWU ANỌ:

Bara, Bere, Biri, Boro, Bọrọ, Buru, Bụrụ.

Gbara(Bara), Gbere(Bere), Gbiri(Biri), Gbịrị(Bịrị) Gboro(Boro), Gbọrọ(Bọrọ), Gburu(Buru), Gbụrụ(Bụrụ)

Dara, Dere, Diri, Dịrị, Doro, Dọrọ, Duru, Dụrụ.

Fara, Fere, Firi, Fịrị, Foro, Fọrọ, Furu, Fụrụ.

Gaba, Gara, Gawa, Gere, Giri, Gịrị, Gini, Gịnị, Goro, Gọrọ, Guru, Gụrụ.

Ghara, Ghere, Ghiri, Ghịrị, Ghoro, Ghọgbu(ghọbu), Ghọrọ, Ghọta, Ghọwa, Ghuru, Ghuta, Ghụrụ, Ghucha, Ghuwa.

Hara, Here, Hiri, Hịrị, Horo, Họrọ, Huru, Hụrụ.

Jara, Jere, Jiri, Jịrị, Joro, Jọrọ, juru, jọrọ.

Kara, Kere, Kiri, Kịrị, Koro, Kọrọ, Kuru, Kụrụ.

Lara, Lere, Liri, Lịrị, Loro, Lọrọ, Luru, Lụrụ.

Mara, Mere, Miri, Mịrị, Moro, Mọrọ, Muru, Mụrụ.

Nara, Nere, Niri, Nịrị, Noro, Nọrọ, Nuru, Nụrụ.
Ñara, Ñere, Ñiri, Ñịrị, Ñoro, Ñọrọ, Ñuru, Ñụrụ.

Para, Pere, Piri, Pịrị, Poro, Pọrọ, Puru, Pụrụ.

Kpara, Kpere, Kpiri, Kpịrị, Kporo, Kpọrọ, Kpuru, Kpụrụ.

Rara, Rere, Riri, Rịrị, Roro, Rọrọ, Ruru, Rụrụ.

Sara, Sere, Siri, Sịrị, Soro, Sọrọ, Suru, Sụrụ.
Shara, Shere, Shiri, Shịrị, Shoro, Shọrọ, Shuru, Shụrụ.

Tara, Tere, Tiri, Tịrị, Toro, Tọrọ, Turu, Tụrụ. Teta, Tewa, Titụ, Tiwa.

Vara, Vere, Viri, Vịrị, Voro, Vọrọ, Vuru, Vụrụ. Vula, Vuta, Vuwa, Vuga.

Wara, Were, Wiri, Wịrị, Woro, Wọrọ, Wuru, Wụrụ, Wucha, Wupu, Wuwa, Wutu.

Yara, Yere, Yiri, Yịrị, Yoro, Yọrọ, Yuru, Yụrụ.

Zara, Zere, Ziri, Zịrị, Zoro, Zọrọ, Zuru, Zụrụ.

Chara, Chere, Chiri, Chịrị, Choro, Chọrọ, Churu, Chụrụ.

Gwara, Gwere, Gwiri, Gwịrị, Gworo, Gwọrọ, Gwuru, Gwụrụ.

Kwara, Kwere, Kwiri, Kwịrị, Kworo, Kwọrọ, Kwuru, Kwụrụ.

Nwara, Nwere, Nwiri, Nwịrị, Nworo, Nwọrọ, Nwuru, Nwụrụ.

Nyara, Nyere, Nyiri, Nyịrị, Nyoro, Nyọrọ, Nyuru, Nyụrụ.

AHA-OKWU MA-OBỤ OKWU-NA-AHA YA:

Okwu-na-aha-ya na-egosi aha mmadụ, aha ihe, ma-ọbụ aha ebe ihe mere. Dika ihe ima-atụ, okwu ndia bụ aha:

Ēkē……nkea bụ aha ahia.

Élé…..nkea bụ aha anụmanụ.

Mbara-ama…….aha nkea na-egosi ebe ndi-mmadụ na-agbakọ, bụrụkwa ebe ụmụ-ntakiri na-enwe mgwuri egwu.

Maazi Ejiọfọ…..Aha nkea na-egosi nwoke nke bụ dimkpa na dike.

Ọzọkwa, Maazi Ejiọfọ bụ aha mmadụ. Eke, Nkwọ, Orie na Afọ bụ aha di iche iche nke ahia nwere.

Ajụ-ala na Éké bụ aha ụmụ anụmanụ nke ji afọ ha eje-ije. Aha ha ọzọ bụ agwọ.

Ọzọ-di-mgba…...nkea bụ aha anụmanụ nke bi nime ọhia.

Ọzọọ……Aha nkea na-egosi nwoke nke chiri

echichi.

Ényi…..Nkea bụ aha anụmanụ nke buru oke ibu ri nne.

Ényī…..Mgbe mmadụ abụa ma-ọbụ atọ bụ ndi-ọyi, ha na-ahụkọ onwe ha nạ'anya. Omume di otua bụ inwe- enyi. Ndi-enyi nwere-ike bụrụ ụmụ-nwoke abụa, ma- ọbụ otu nwoke na otu nwanyi, ma-ọbụ ụmụ-nwanyi abụa.

N'obodo ndi-ọcha, nwoke na nwanyi na-esite n'ime ọyi banye n'ọlụlụ di-na-nwunye. Ma, n'ala-Igbo, omume di otua bụ irapụ omenala meewa omenelu.

Ọlụlụ di-na-nwunye, n'ala Igbo, na-amalite n'ọlụ ana-akpọ: ichụ-nta nwanyi. Nkea bụ dika omenala ndi-Igbo si di.

IJE-OKWU MA-ỌBỤ OKWU-NA-IJE YA:

Okwu-na-ije ya bụ okwu na-egosi ka ihe si eme. Okwu-na-ije ya ụfọdụ bụ ndia: Gaa, Jee, Kọọ, Kwue, Zụa, Wue.

Gaa ụlọ-akwụkwọ.
Jee ahia zụtara m akwụkwọ-nri.
Kwue okwu bara uru.
Kọọ akụkọ ife di ụtọ.
Lụọ ọlụ ubi nke ọma.
Zụa ụmụ gi nke ọma. Zaa ajụjụ ahụ ugbua.
Wue ụlọ-elu n'ezi-na-ụlọ gi. Saa efere ahụ ọsọ ọsọ.
Lụa nwunye nke aka gi.
Mụa akwụkwọ gi n'ụlọ-akwụkwọ. Gbue agwọ di n'okpuru osisi.
Jụa Onye-nkuzi ajụjụ kwesiri ekwesi. Ñụa mmiri.
Rie nri.
Bụa abụ.
Saa aka gi tutu irie nri.
Gụa akwụkwọ gi nke ọma. Nye ndi-okenye nsọpụrụ.
Kpee ekpere tutu irara ụra.
Nye Chineke ekele n'ụbọchi niile.
Saa arụ gi n'ụtụtụ na n'oge abali.
Jụ iza ajụjụ di nzuzu.
Were akọ-na-uche gi lụa ọlụ bara uru.

NDE-AHA: NDE-AHA BỤ OKWU NA-EWERE OKWU-NA-AHA YA.

NDE-AHA: Okwu ndia bụkwa okwu na-ewere ọnọdụ nke okwu-na-aha nwere, n'ogologo asụsụ. Dika ihe ima-atụ, okwu ndi na-ewere ọnọdụ okwu-na-aha bụ okwu ndia.

Mụ; mụ onwe m.

Ya; ya onwe ya.

Gi; gi onwe gi.

Ha; ha onwe ha.

Ọbụ; ọbụ ya.

Ka anyi were okwu ndia sụa asụsụ:

Asụsụ: Maazi Ọchiụzọ bụ Onye-eze.

Ịma-atụ: Ọbụ Onye-eze.

Asụsụ: Aha m bụ Maazi Abakwue.

Asụsụ ọzọ: Maazi Abakwue bụ Ode-akwụkwọ.

Ima-atụ: Mụ onwe m bụ Ode-akwụkwọ.

Ima-atụ ọzọ: Abụ m Ode akwụkwọ.

Asụsụ: Ụmụ-akwụkwọ nọ n'ime ụlọ-akwụkwọ.

Ima-atụ: Ha nọ n'ime ụlọ-akwụkwọ.

NZE-OKWU: NZE-OKWU BỤ OKWU NA-EWERE ỌNỌDỤ OKWU-NA-IJE YA.

ZE-OKWU: Okwu ndia na-ewere ọnọdụ okwu-na-ije nwere n'asụsụ anyi. N'ezie, ha na-egosi ka ihe si eme:

Ngwa-ngwa ma-ọbụ ọsọ-ọsọ.

Nwayọọ nwayọọ ma-ọbụ jee jee.

Peke m peke m ma-ọbụ ọmalicha mma.

Nsọ-nsọ ma-ọbụ ihe-edoro nsọ.

N'ike n'ike ma-ọbụ ngwa-ngwa.

IWERE NZE-OKWU SỤA ASỤSỤ:

Ima-atụ: Bia ebe a 'ọsọ-ọsọ'

Ima-atụ ọzọ: Were 'nwayọọ nwayọọ' kulite nwata nwoke ahụ.

Ima-atụ: Nwa-agbọghọ a na-ete egwu peke m peke m dika ọkpụkpụ adighi n'arụ ya.

Ima-atụ: Di-nta na-eje nwayọọ nwayọọ mgbe ọna-achụ nta.

Ima-atụ: Ọbụ n'ike n'ike ka ndi-ọlụ na-alụ ọlụ diri ha.

Ima-atụ: Ele ahụ Ọdụm na-achuso na-agba ọsọ ọsọ-ọsọ ka ọgbanari ọdụm.

Ima-atụ: Ụmụ-ntakiri ndia were nwayọọ nwayọọ na-eri nri ha.

ỌNỤ ỌGỤGỤ:

Otu, Abụọ, Atọ, Anọ, Ise, Isii, Asaa, Asatọ, Iteghete (Itoolu), Iri.

Iri-na-otu, Iri-na-abụọ, Iri-na-atọ, Iri-na-anọ, Iri-na-ise, Iri-na-isii, Iri-na-asaa, Iri-na-asatọ, Iri-na-itoolu, (Iri-na-iteghete) Iri-abụọ (Ohu).

Iri-abụọ-na-otu, Iri-abụọ-na-abụọ, Iri-abụọ-na-atọ, Iri-abụọ-na-anọ, Iri-abụọ-na-ise, Iri-abụọ-na-isii, Iri- abụọ-na-asaa, Iri-abụọ-na-asatọ, Iri-abụọ-na-itoolu (Iri-abụọ-na-iteghete). Iri-atọ (Ohu-na-iri).

Iri-atọ-na-otu, Iri-atọ-na-abụọ, Iri-atọ-na-atọ, Iri-atọ-na-anọ, Iri-atọ-na-ise, Iri-atọ-na-isii, Iri-atọ-na-asaa, Iri-atọ-na-asatọ, Iri-atọ-na-itoolu, (Iri-atọ-na-iteghete), Iri-anọ (Ohu abụọ).

Iri-anọ-na-otu, Iri-anọ-na-abụọ, Iri-anọ-na-atọ, Iri-anọ-na-anọ, Iri-anọ-na-ise, Iri-anọ-na-isii, Iri-anọ-na-asaa, Iri-anọ-na-asatọ, Iri-anọ-na-itoolu (Iri-anọ- na-iteghete), Iri-ise (Ohu abụọ na iri).

Iri-ise-na-otu, Iri-ise-na-abụọ, Iri-ise-na-atọ, Iri-ise-na-anọ, Iri-ise-na-ise, Iri-ise-na-isii, Iri-ise-na-asaa, Iri-ise-na-asatọ, Iri-ise-na-itoolu (Iri-ise-na-iteghete), Iri-isii (Ohu atọ).

Iri-isii-na-otu, Iri-isii-na-abụọ, Iri-isii-na-atọ, Iri-isii-na-anọ, Iri-isii-na-ise, Iri-isii-na-isii, Iri-isii-na-asaa, Iri-isii-na-asatọ, Iri-isii-na-itoolu, (Iri-isii-na-iteghete), Iri-asaa (Ohu atọ na iri).

Iri-asaa-na-otu, Iri-asaa-na-abụọ, Iri-asaa-na-atọ, Iri-asaa-na-anọ, Iri-asaa-na-ise, Iri-asaa-na-isii, Iri-asaa-na-asaa, Iri-asaa-na-asatọ, Iri-asaa-na-itoolu (Iri-asaa-na-iteghete), Iri-asatọ (Ohu anọ).

Iri-asatọ-na-otu, Iri-asatọ-na-abụọ, Iri-asatọ-na-atọ, Iri-asatọ-na-anọ, Iri-asatọ-na-ise, Iri-asatọ-na-isii, Iri-asatọ-na-asaa, Iri-asatọ-na-asatọ, Iri-asatọ-na-itoolu, (Iri-asatọ-na-iteghete), Iri-itoolu (Iri-iteghete), (Ohu anọ na iri).

Iri-itoolu-na-otu, Iri-itoolu-na-abụọ, Iri-itoolu-na-atọ, Iri-itoolu-na-anọ, Iri-itoolu-na-ise, Iri-itoolu-na-isii, Iri-itoolu-na-asaa, Iri-itoolu-na-asatọ, Iri-itoolu-na- itoolu (Iri-iteghete-na-iteghete), Narii (Ohu ise).

ỌNỤ ỌGỤGỤ:
(SITE NA NARII-NA-OTU RUE NA NARII ABỤỌ)

Narii-na-otu, Narii-na-abụọ, Narii-na-atọ, Narii-na-anọ, Narii-na-ise, Narii-na-isii, Narii-na-asaa, Narii-na-asatọ, Narii-na-itoolu, Narii-na-iri.

Narii-na-iri-na-otu, Narii-na-iri-na-abụọ, Narii-na-iri-na-atọ, Narii-na-iri-na-anọ, Narii-na-iri-na-ise, Narii- na-iri-na-isii, Narii-na-iri-na-asaa, Narii-na-iri-na- asatọ, Narii-na-iri-na-itoolu, Narii-na-iri-abụọ,

Narii-na-iri-abụọ-na-otu, Narii-na-iri-abụọ-na-abụọ, Narii-na-iri-abụọ-na-atọ, Narii-na-iri-abụọ-na-anọ, Narii-na-iri-abụọ-na-ise, Narii-na-iri-abụọ-na-isii, Narii-na-iri-abụọ-na-asaa, Narii-na-iri-abụọ-na-asatọ, Narii-na-iri-abụọ-na-itoolu, Narii-na-iri-atọ,

Narii-na-iri-atọ-na-otu, Narii-na-iri-atọ-na-abụọ, Narii-na-iri-atọ-na-atọ, Narii-na-iri-atọ-na-anọ, Narii- na-iri-atọ-na-ise, Narii-na-iri-atọ-na-isii, Narii-na-iri- atọ-na-asaa, Narii-na-iri-atọ-na-asatọ, Narii-na-iri- atọ-na-itoolu, Narii-na-iri-anọ.

Narii-na-iri-anọ-na-otu, Narii-na-iri-anọ-na-abụọ,Narii-na-iri-anọ-na-atọ, Narii-na-iri-anọ-na-anọ,

Narii-na-iri-anọ-na-ise, Narii-na-iri-anọ-na-isii,
Narii- na-iri-anọ-na-asaa, Narii-na-iri-anọ-na-asatọ,
Narii- na-iri-anọ-na-itoolu, Narii-na-iri-ise.

Narii-na-iri-ise-na-otu, Narii-na-iri-ise-na-abụọ,
Narii-na-iri-ise-na-atọ, Narii-na-iri-ise-na-anọ, Narii-na-iri-ise-na-isii, Narii-na-iri-ise-na-asaa, Narri-na-iri-ise-na-asatọ, Narii-na-iri-ise-na-itoolu, Narii-na-iri-isii.

Narii-na-iri-isii-na-atọ, Narii-na-iri-isii-na-anọ, Narii-na-iri-isii-na-ise, Narii-na-iri-isii-na-isii, Narii-na-iri-isii-na-asaa, Narii-na-iri-isii-na-asatọ, Narii-na-iri-isii- na-itoolu, Narii-na-iri-asaa (Ohu asatọ na iri).

Narii-na-iri-asaa-na-otu, Narii-na-iri-asaa-na-abụọ, Narii-na-iri-asaa-na-atọ, Narii-na-iri-asaa-na-anọ, Narii-na-iri-asaa-na-ise, Narii-na-iri-asaa-na-isii, Narii-na-iri-asaa-na-asaa, Narii-na-iri-asaa-na-asatọ, Narii-na-iri-asaa-na-itoolu, Narii-na-iri-asatọ.

Narii-na-iri-asatọ-na-otu, Narii-na-iri-asatọ-na-abụọ, Narii-na-iri-asatọ-na-atọ, Narii-na-iri-asatọ-na-anọ, Narii-na-iri-asatọ-na-ise, Narii-na-iri-asatọ-na-isii, Narii-na-iri-asatọ-na-asaa, Narii-na-iri-asatọ-na- asatọ, Narii-na-iri-asatọ-na-itoolu, Narii-na-iri-itoolu.

Narii-na-iri-itoolu-na-otu, Narii-na-iri-itoolu-na-abụọ,

Narii-na-iri-itoolu-na-atọ, Narii-na-iri-itoolu-na-anọ, Narii-na-iri-itoolu-na-ise, Narii-na-iri-itoolu-na-isii,

Narii-na-iri-itoolu-na-asaa, Narii-na-iri-itoolu-na-asatọ, Narii-na-iri-itoolu-na-itoolu, Narii-abụọ (Ohu iri).

ỌNỤ-ỌGỤGỤ:
(SITE NA NARII-ABỤỌ-NA-OTU RUE NA NARII-ATỌ).

Narii-abụọ-na-otu, Narii-abụọ-na-abụọ, Narii-abụọ-na-atọ, Narii-abụọ-na-anọ, Narii-abụọ-na-ise, Narii-abụọ-na-isii, Narii-abụọ-na-asaa, Narii-abụọ-na-asatọ, Narii-abụọ-na-itoolu, Narii-abụọ-na-iri.

Narii-abụọ-na-iri-na-otu, Narii-abụọ-na-iri-na-abụọ. Narii-abụọ-na-iri-na-atọ, Narii-abụọ-na-iri-na-anọ. Narii-abụọ-na-iri-na-ise, Narii-abụọ-na-iri-na-isii, Narii-abụọ-na-iri-na-asaa, Narii-abụọ-na-iri-na-asatọ, Narii-abụọ-na-iri-na-itoolu, Narii-abụọ-na-iri-abụọ (Ohu iri na otu-ohu).

Narii-abụọ-na-iri-abụọ-na-otu, Narii-abụọ-na-iri-abụọ-na-abụọ, Narii-abụọ-na-iri-abụọ-na-atọ, Narii-abụọ-na-iri-abụọ-na-anọ, Narii-abụọ-na- iri-abụọ-na-ise, Narii-abụọ-na-iri-abụọ-na-isii, Narii-abụọ-na-iri-abụọ-na-asaa, Narii-abụọ-na-iri-abụọ-na-asatọ, Narii-abụọ-na-iri-abụọ-na-itoolu, Narii-abụọ-na-iri-atọ.

Narii-abụọ-na-iri-atọ-na-otu, Narii-abụọ-na-iri-atọ-na-abụọ, Narii-abụọ-na-iri-atọ-na-atọ, Narii-abụọ-na-iri-atọ-na-anọ, Narii-abụọ-na-iri-atọ-na-ise, Narii-abụọ-na-iri-atọ-na-isii, Narii-abụọ-na-iri-atọ-na-asaa, Narii-abụọ-na-iri-atọ-na-asatọ, Narii-abụọ-na-iri-atọ-na-itoolu, Narii-abụọ-na-iri-anọ (Ohu iri na ohu abụọ)

Narii-abụọ-na-iri-anọ-na-otu, Narii-abụọ-na-iri-anọ-na-abụọ, Narii-abụọ-na-iri-anọ-na-atọ, Narii-abụọ-na-iri-anọ-na-anọ, Narii-abụọ-na-iri-anọ-na-ise, Narii-abụọ-na-iri-anọ-na-isii, Narii-abụọ-na-iri-anọ-na-asaa, Narii-abụọ-na-iri-anọ-na-asatọ, Narii-abụọ-na-iri-anọ-na-itoolu, Narii-abụọ-na-iri-ise.Narii-abụọ-na-iri-ise-na-otu, Narii-abụọ-na-iri-ise- na-abụọ, Narii-abụọ-na-iri-ise-na-atọ, Narii-abụọ- na-iri-ise-na-anọ, Narii-abụọ-na-iri-ise-na-ise, Narii-abụọ-na-iri-ise-na-isii, Narii-abụọ-na-iri-ise-na-asaa, Narii-abụọ-na-iri-ise-na-asatọ, Narii-abụọ-na-iri-ise- na-itoolu, Narii-abụọ-na-iri-isii.

Narii-abụọ-na-iri-isii-na-otu, Narii-abụọ-na-iri-isii-na-abụọ, Narii-abụọ-na-iri-isii-na-atọ, Narii-abụọ-na-iri-isii-na-anọ, Narii-abụọ-na-iri-isii-na-ise, Narii-abụọ-na-iri-isii-na-isii, Narii-abụọ-na-iri-isii-na-asaa, Narii-abụọ-na-iri-isii-na-asatọ, Narii-abụọ-na-iri-isii-na-itoolu, Narii-abụọ-na-iri-asaa.

Narii-abụọ-na-iri-asaa-na-otu, Narii-abụọ-na-iri-asaa-na-abụọ, Narii-abụọ-na-iri-asaa-na-atọ, Narii-abụọ-na-iri-asaa-na-anọ, Narii-abụọ-na-iri-asaa-na-ise, Narii-abụọ-na-iri-asaa-na-isii, Narii-abụọ-na-iri-asaa-na-asaa, Narii-abụọ-na-iri-asaa-na-asatọ, Narii-abụọ-na-iri-asaa-na-itoolu, Narii-abụọ-na-iri-asatọ.

Narii-abụọ-na-iri-asatọ-na-otu, Narii-abụọ-na-iri-asatọ-na-abụọ, Narii-abụọ-na-iri-asatọ-na-atọ, Narii-abụọ-na-iri-asatọ-na-anọ, Narii-abụọ-na- iri-asatọ-na-ise, Narii-abụọ-na-iri-asato-na-isii, Narii-abụọ-na-iri-asatọ-na-asaa, Narii-abụọ-na-iri-asatọ-na-asatọ, Narii-abụọ-na-iri-asatọ-na-itoolu, Narii-abụọ-na-iri-itoolu.

Narii-abụọ-na-iri-itoolu-na-otu, Narii-abụọ-na-iri-itoolu-na-abụọ, Narii-abụọ-na-iri-itoolu-na-atọ, Narii-abụọ-na-iri-itoolu-na-anọ, Narii-abụọ-na-iri-itoolu-na-ise, Narii-abụọ-na-iri-itoolu-na-isii, Narii-abụọ-na-iri-itoolu-na-asaa, Narii-abụọ-na-iri-itoolu-na-asatọ, Narii-abụọ-na-iri-itoolu-na-itoolu, Narii-atọ(Ohu iri na ohu ise).

ỌNỤ-ỌGỤGỤ:
(SITE NA NARII-ATỌ-NA-OTU RUE NA NARII-ANỌ).

Narii-atọ-na-otu, Narii-atọ-na-abụọ, Narii-atọ-na-atọ, Narii-atọ-na-anọ, Narii-atọ-na-ise, Narii-atọ-na-isii, Narii-atọ-na-asaa, Narii-atọ-na-asatọ, Narii-atọ-na- itoolu, Narii-atọ-na-iri.

Narii-atọ-na-iri-na-otu, Narii-atọ-na-iri-na-abụọ, Narii-atọ-na-iri-na-atọ, Narii-atọ-na-iri-na-anọ, Narii- atọ-na-iri-na-ise, Narii-atọ-na-iri-na-isii, Narii-atọ-na-iri-na-asaa, Narii-atọ-na-iri-na-asatọ, Narii-atọ- na-iri-na-itoolu, Narii-atọ-na-iri-abụọ (Ohu iri na ohu isii).

Narii-atọ-na-iri-abụọ-na-otu, Narii-atọ-na-iri-abụọ-na-abụọ, Narii-atọ-na-iri-abụọ-na-atọ, Narii-atọ-na-iri-abụọ-na-anọ, Narii-atọ-na-iri-abụọ-na-ise, Narii-atọ-na-iri-abụọ-na-isii, Narii-atọ-na-iri-abụọ-na-asaa, Narii-atọ-na-iri-abụọ-na-asatọ, Narii-atọ-na-iri-abụọ-na-itoolu, Narii-atọ-na-iri-atọ.

Narii-atọ-na-iri-atọ-na-otu, Narii-atọ-na-iri-atọ-na-abụọ, Narii-atọ-na-iri-atọ-na-atọ, Narii-atọ-na- iri-atọ-na-anọ, Narii-atọ-na-iri-atọ-na-ise, Narii- atọ-na-iri-atọ-na-isii, Narii-atọ-na-iri-atọ-na-asaa,

Narii-atọ-na-iri-atọ-na-asatọ, Narii-atọ-na-iri-atọ-na-itoolu, Narii-atọ-na-iri-anọ (Ohu iri na ohu asaa).

Narii-atọ-na-iri-anọ-na-otu, Narii-atọ-na-iri-anọ-na-abụọ, Narii-atọ-na-iri-anọ-na-atọ, Narii-atọ-na- iri-anọ-na-anọ, Narii-atọ-na-iri-anọ-na-ise, Narii- atọ-na-iri-anọ-na-isii, Narii-atọ-na-iri-anọ-na-asaa, Narii-atọ-na-iri-anọ-na-asatọ, Narii-atọ-na-iri-anọ-na-itoolu, Narii-atọ-na-iri-ise.

Narii-atọ-na-iri-ise-na-otu, Narii-atọ-na-iri-ise-na-abụọ, Narii-atọ-na-iri-ise-na-atọ, Narii-atọ-na- iri-ise-na-anọ, Narii-atọ-na-iri-ise-na-ise, Narii- atọ-na-iri-ise-na-isii, Narii-atọ-na-iri-ise-na-asaa, Narii-atọ-na-iri-ise-na-asatọ, Narii-atọ-na-iri-ise-na-itoolu, Narii-atọ-na-iri-isii (Ohu iri na ohu asatọ).

Narii-atọ-na-iri-isii-na-otu, Narii-atọ-na-iri-isii-na-abụọ, Narii-atọ-na-iri-isii-na-atọ, Narii-atọ-na- iri-isii-na-anọ, Narii-atọ-na-iri-isii-na-ise, Narii- atọ-na-iri-isii-na-isii, Narii-atọ-na-iri-isii-na-asaa, Narii-atọ-na-iri-isii-na-asatọ, Narii-atọ-na-iri-isii-na-itoolu, Narii-atọ-na-iri-asaa.

Narii-atọ-na-iri-asaa-na-otu, Narii-atọ-na-iri-asaa-na-abụọ, Narii-atọ-na-iri-asaa-na-atọ, Narii-atọ- na-iri-asaa-na-anọ, Narii-atọ-na-iri-asaa-na-ise, Narii-atọ-na-iri-asaa-na-isii, Narii-atọ-na-iri-asaa-na-asaa, Narii-atọ-na-iri-asaa-na-asatọ, Narii-atọ-na-iri-asaa-na-itoolu, Narii-ato-na-iri-asato (Ohu iri na ohu itoolu).

Narii-ato-na-iri-asato-na-otu, Narii-ato-na-iri-asato-na-abuo, Narii-ato-na-iri-asato-na-ato, Narii-ato-na-iri-asato-na-ano, Narii-ato-na-iri-asato-na-ise, Narii-ato-na-iri-asato-na-isii, Narri-ato-na-iri-asato-na-asaa, Narii-ato-na-iri-asato-na-asato, Narii-ato-na-iri-asato-na-itoolu, Narii-ato-na-iri-itoolu.

Narii-ato-na-iri-itoolu-na-otu, Narii-ato-na-iri-itoolu-na-abuo, Narii-ato-na-iri-itoolu-na-ato, Narii-ato-na-iri-itoolu-na-ano, Narii-ato-na-iri-itoolu-na-ise, Narii-ato-na-iri-itoolu-na-isii, Narii-ato-na-iri-itoolu-na-asaa, Narii-ato-na-iri-itoolu-na-asato, Narii-ato-na-iri-itoolu-na-itoolu, Narii-ano.

ỌNỤ-ỌGỤGỤ:
(SITE NA NARII ANỌ NA OTU RUE NA NARII ISE)

Narii-anọ-na-otu, Narii-anọ-na-abụọ, Narii-anọ-na-atọ, Narii-anọ-na-anọ, Narii-anọ-na-ise, Narii-anọ-na-isii, Narii-anọ-na-asaa, Narii-anọ-na-asatọ, Narii-anọ-na-itoolu, Narii-anọ-na-iri.

Narii-anọ-na-iri-na-otu, Narii-anọ-na-iri-na-abụọ, Narii-anọ-na-iri-na-atọ, Narii-anọ-na-iri-na-anọ, Narii-anọ-na-iri-na-ise, Narii-anọ-na-iri-na-isii, Narii-anọ-na-iri-na-asaa, Narii-anọ-na-iri-na-asatọ, Narii-anọ-na-iri-na-itoolu, Narii-anọ-na-iri-abụọ (Ohu na nnụ).

Narii-anọ-na-iri-abụọ-na-otu, Narii-anọ-na-iri-abụọ-na-abụọ, Narii-anọ-na-iri-abụọ-na-atọ, Narii-anọ-na-iri-abụọ-na-anọ, Narii-anọ-na-iri-abụọ-na-ise, Narii-anọ-na-iri-abụọ-na-isii, Narii-anọ-na-iri-abụọ-na-asaa, Narii-anọ-na-iri-abụọ-na-asatọ, Narii-anọ-na-iri-abụọ-na-itoolu, Narii-anọ-na-iri-atọ.

Narii-anọ-na-iri-atọ-na-otu, Narii-anọ-na-iri-atọ-na-abụọ, Narii-anọ-na-iri-atọ-na-atọ, Narii-anọ-na-iri-atọ-na-anọ, Narii-anọ-na-iri-atọ-na-ise, Narii-anọ-na-iri-atọ-na-isii, Narii-anọ-na-iri-atọ-na-asaa,

Narii-anọ-na-iri-atọ-na-asatọ, Narii-anọ-na-iri-atọ-na-itoolu, Narii-anọ-na-iri-anọ (Ohu abụọ na nnụ).

Narii-anọ-na-iri-anọ-na-otu, Narii-anọ-na-iri-anọ-na-abụọ, Narii-anọ-na-iri-anọ-na-atọ, Narii-anọ-na-iri-anọ-na-anọ, Narii-anọ-na-iri-anọ-na-ise, Narii-anọ-na-iri-anọ-na-isii, Narii-anọ-na-iri-anọ-na-asaa, Narii-anọ-na-iri-anọ-na-asatọ, Narii-anọ-na-iri-anọ-na-itoolu, Narii-anọ-na-iri-ise.

Narii-anọ-na-iri-ise-na-otu, Narii-anọ-na-iri-ise-na-abụọ, Narii-anọ-na-iri-ise-na-atọ, Narii-anọ-na-iri-ise-na-anọ, Narii-anọ-na-iri-ise-na-ise, Narii-anọ-na-iri-ise-na-isii, Narii-anọ-na-iri-ise-na-asaa, Narii-anọ-na-iri-ise-na-asatọ, Narii-anọ-na-iri-ise-na-itoolu, Narii-anọ-na-iri-isii (Ohu atọ na nnụ).

Narii-anọ-na-iri-isii-na-otu, Narii-anọ-na-iri-isii-na-abụọ, Narii-anọ-na-iri-isii-na-atọ, Narii-anọ-na-iri-isii-na-anọ, Narii-anọ-na-iri-isii-na-ise, Narii-anọ-na-iri-isii-na-isii, Narii-anọ-na-iri-isii-na-asaa, Narii-anọ-na-iri-isii-na-asatọ, Narii-anọ-na-iri-isii-na-itoolu, Narii-anọ-na-iri-asaa.

Narii-anọ-na-iri-asaa-na-otu, Narii-anọ-na-iri-asaa-na-abụọ, Narii-anọ-na-iri-asaa-na-atọ, Narii-anọ-na-iri-asaa-na-anọ, Narii-anọ-na-iri-asaa-na-ise, Narii-anọ-na-iri-asaa-na-isii, Narii-anọ-na-iri-asaa-na-asaa, Narii-anọ-na-iri-asaa-na-asatọ, Narii-anọ-na-iri-asaa-na-itoolu, Narii-anọ-na-iri-asatọ (Ohu anọ na nnụ).

Narii-anọ-na-iri-asatọ-na-otu, Narii-anọ-na-iri-asatọ-na-abụọ, Narii-anọ-na-iri-asatọ-na-atọ, Narii-anọ-na-iri-asatọ-na-anọ, Narii-anọ-na-iri-asatọ-na-ise, Narii-anọ-na-iri-asatọ-na-isii, Narii-anọ-na-iri-asatọ-na-asaa, Narii-anọ-na-iri-asatọ-na-asatọ, Narii-anọna-iri-asatọ-na-itoolu, Narii-anọ-na-iri-itoolu.

Narii-anọ-na-iri-itoolu-na-otu, Narii-anọ-na-iri-itoolu-na-abụọ, Narii-anọ-na-iri-itoolu-na-atọ, Narii-anọ-na-iri-itoolu-na-anọ, Narii-anọ-na-iri-itoolu-na-ise, Narii-anọ-na-iri-itoolu-na-isii, Narii-anọ-na-iri-itoolu-na-asaa, Narii-anọ-na-iri-itoolu-na-asatọ, Narii-anọ-na-iri-itoolu-na-itoolu, Narii-ise (Ohu ise na nnụ).

NỤ-ỌGỤGỤ:
(SITE NA NARII ISE NA OTU RUE NA NARII ISII)

Narii-ise-na-otu, Narii-ise-na-abụọ, Narii-ise-na-atọ, Narii-ise-na-anọ, Narii-ise-na-ise, Narii-ise-na-isii, Narii-ise-na-asaa, Narii-ise-na-asatọ, Narii-ise-na-itoolu, Narii-ise-na-iri.

Narii-ise-na-iri-na-otu, Narii-ise-na-iri-na-abụọ, Narii-ise-na-iri-na-atọ, Narii-ise-na-iri-na-anọ, Narii-ise-na-iri-na-ise, Narii-ise-na-iri-na-isii, Narii-ise-na-iri-na-asaa, Narii-ise-na-iri-na-asatọ, Narii-ise-na-iri-na-itoolu, Narii-ise-na-iri-abụọ (Ohu isii na nnụ).

Narii-ise-na-iri-abụọ-na-otu, Narii-ise-na-iri-abụọ-na-abụọ, Narii-ise-na-iri-abụọ-na-atọ, Narii-ise-na-iri-abụọ-na-anọ, Narii-ise-na-iri-abụọ-na-ise, Narii-ise-na-iri-abụọ-na-isii, Narii-ise-na-iri-abụọ-na-asaa, Narii-ise-na-iri-abụọ-na-asatọ, Narii-Ise-na-iri-abụọ-na-itoolu, Narii-ise-na-iri-atọ.

Narii-ise-na-iri-atọ-na-otu, Narii-ise-na-iri-atọ-na-abụọ, Narii-ise-na-iri-atọ-na-atọ, Narii-ise-na-iri-atọ-na-anọ, Narii-ise-na-iri-atọ-na-ise, Narii-ise-na-iri-atọ-na-isii, Narii-ise-na-iri-atọ-na-asaa, Narii-ise-na-iri-atọ-na-asatọ, Narii-ise-na-iri-atọ-na-itoolu, Narii-ise-na-iri-anọ, (Ohu asaa na nnụ).

Narii-ise-na-iri-anọ-na-otu, Narii-ise-na-iri-anọ-na-abụọ, Narii-ise-na-iri-anọ-na-atọ, Narii-ise-na-iri-anọ-na-anọ, Narii-ise-na-iri-anọ-na-ise, Narii-ise-na-iri-anọ-na-isii, Narii-ise-na-iri-anọ-na-asaa, Narii-ise-na-iri-anọ-na-asatọ, Narii-ise-na-iri-anọ-na-itoolu, Narii-ise-na-iri-ise.

Narii-ise-na-iri-ise-na-otu, Narii-ise-na-iri-ise-na-abụọ, Narii-ise-na-iri-ise-na-atọ, Narii-ise-na-iri-ise-na-anọ, Narii-ise-na-iri-ise-na-ise, Narii-ise-na-iri-ise-na-isii, Narii-ise-na-iri-ise-na-asaa, Narii-ise-na-iri-ise-na-asatọ, Narii-ise-na-iri-ise-na-itoolu, Narii-ise-na-iri-isii (Ohu asatọ na nnụ).

Narii-ise-na-iri-isii-na-otu, Narii-ise-na-iri-isii-na-abụọ, Narii-ise-na-iri-isii-na-atọ, Narii-ise-na-iri-isii-na-anọ, Narii-ise-na-iri-isii-na-ise, Narii-ise-na-iri-isii-na-isii, Narii-ise-na-iri-isii-na-asaa, Narii-ise-na-iri-isii-na-asatọ, Narii-ise-na-Iri-isii-na-itoolu, Narii-ise-na-iri-asaa.

Narii-ise-na-iri-asaa-na-otu, Narii-ise-na-iri-asaa-na-abụọ, Narii-ise-na-iri-asaa-na-atọ, Narii-ise-na-iri-asaa-na-anọ, Narii-ise-na-iri-asaa-na-ise, Narii-ise-na-iri-asaa-na-isii, Narii-Ise-na-iri-asaa-na-asaa, Narii-ise-na-iri-asaa-na-asatọ, Narii-Ise-na-iri-asaa-na-itoolu, Narii-ise-na-iri-asatọ. (Ohu itoolu na nnụ).

Narii-ise-na-iri-asatọ-na-otu, Narii-ise-na-iri-asatọ-na-abụọ, Narii-ise-na-iri-asatọ-na-atọ, Narii-ise-na-iri-asatọ-na-anọ, Narii-ise-na-iri-asatọ-na-ise, Narii-ise-na-iri-asatọ-na-isii, Narii-ise-na-iri-asatọ-na-asaa, Narii-ise-na-iri-asatọ-na-asatọ, Narii-ise-na-iri-asatọ-na-itoolu, Narii-ise-na-iri-itoolu.

Narii-ise-na-iri-itoolu-na-otu, Narii-ise-na-iri-itoolu-na-abụọ, Narii-ise-na-iri-itoolu-na-atọ, Narii-ise-na-iri-itoolu-na-anọ, Narii-ise-na-iri-itoolu-na-ise, Narii-ise-na-iri-itoolu-na-isii, Narii-ise-na-iri-itoolu-na-asaa, Narii-ise-na-iri-itoolu-na-asatọ, Narii-ise-na-iri-itoolu-na-itoolu, Narii-isii (Nnụ na ohu iri).

ỌNỤ-ỌGỤGỤ:
(SITE NA NARII ISII NA OTU RUE NA NARII ASAA)

Narii-isii-na-otu, Narii-isii-na-abụọ, Narii-isii-na-atọ, Narii-isii-na-anọ, Narii-isii-na-ise, Narii-isii-na-isii, Narii-isii-na-asaa, Narii-isii-na-asatọ, Narii-isii-na-itoolu, Narii-isii-na-iri.

Narii-isii-na-iri-na-otu, Narii-isii-na-iri-na-abụọ, Narii-isii-na-iri-na-atọ, Narii-isii-na-iri-na-anọ, Narii-isii-na-iri-na-ise, Narii-isii-na-iri-na-isii, Narii-isii-na-iri-na-asaa, Narii-isii-na-iri-na-asatọ, Narii-isii-na-iri- na-itoolu, Narii-isii-na-iri-abụọ.

Narii-isii-na-iri-abụọ-na-otu, Narii-isii-na-iri-abụọ-na-abụọ, Narii-isii-na-iri-abụọ-na-atọ, Narii-isii-na-iri-abụọ-na-anọ, Narii-isii-na-iri-abụọ-na-ise, Narii-isii-na-irl-abụọ-na-isii, Narii-isii-na-iri-abụọ-na-asaa, Narii-isii-na-iri-abụọ-na-asatọ, Narii-Isii-na-iri-abụọ- na-itoolu, Narii-isii-na-iri-atọ.

Narii-isii-na-iri-atọ-na-otu, Narii-isii-na-iri-atọ-na-abụọ, Narii-isii-na-iri-atọ-na-atọ, Narii-isii-na- iri-atọ-na-anọ, Narii-isii-na-iri-atọ-na-ise, Narii-isii-na-iri-atọ-na-isii, Narii-isii-na-iri-atọ-na-asaa, Narii-isii-na-iri-atọ-na-asatọ, Narii-isii-na-iri-atọ-na- itoolu,

Narii-isii-na-iri-anọ.

Narii-isii-na-iri-anọ-na-otu, Narii-isii-na-iri-anọ-na-abụọ, Narii-isii-na-iri-anọ-na-atọ, Narii-isii-na- iri-anọ-na-anọ, Narii-isii-na-iri-anọ-na-ise, Narii- isii-na-iri-anọ-na-isii, Narii-isii-na-iri-anọ-na-asaa, Narii-isii-na-iri-anọ-na-asatọ, Narii-isii-na-iri-anọ-na-itoolu, Narii-isii-na-iri-ise.

Narii-isii-na-iri-ise-na-otu, Narii-isii-na-iri-ise-na-abụọ, Narii-isii-na-iri-ise-na-atọ, Narii-isii-na- iri-ise-na-anọ, Narii-isii-na-iri-ise-na-ise, Narii- isii-na-iri-ise-na-isii, Narii-isii-na-iri-ise-na-asaa, Narii-isii-na-iri-ise-na-asatọ, Narii-isii-na-iri-ise-na-itoolu, Narii-isii-na-iri-isii.

Narii-isii-na-iri-isii-na-otu, Narii-isii-na-iri-isii-na-abụọ, Narii-isii-na-iri-isii-na-atọ, Narii-isii-na- iri-isii-na-anọ, Narii-isii-na-iri-isii-na-ise, Narii- isii-na-iri-isii-na-isii, Narii-isii-na-iri-isii-na-asaa, Narii-isii-na-iri-isii-na-asatọ, Narii-isii-na-iri-isii-na-itoolu, Narii-isii-na-iri-asaa.

Narii-isii-na-iri-asaa-na-otu, Narii-isii-na-iri-asaa-na-abụọ, Narii-isii-na-iri-asaa-na-atọ, Narii-isii-na-iri-asaa-na-anọ, Narii-isii-na-iri-asaa-na-ise, Narii-isii-na-iri-asaa-na-isii, Narii-isii-na-iri-asaa-na-asaa, Narii-isii-na-iri-asaa-na-asatọ, Narii-isii-na-iri-asaa-na-itoolu, Narii-isii-na-iri-asatọ.

Narii-isii-na-iri-asatọ-na-otu, Narii-isii-na-iri-asatọ-na-abụọ, Narii-isii-na-iri-asatọ-na-atọ, Narii-isii- na-iri-asatọ-na-anọ, Narii-isii-na-iri-asatọ-na-ise, Narii-isii-na-iri-asatọ-na-isii, Narii-isii-na-iri-asatọ-na-asaa, Narii-isii-na-iri-asatọ-na-asatọ, Narii-isii-na-iri-asatọ-na-itoolu, Narii-isii-na-iri-itoolu.

Narii-isii-na-iri-itoolu-na-otu, Narii-isii-na-iri-itoolu-na-abụọ, Narii-isii-na-iri-itoolu-na-atọ, Narii-isii- na-iri-itoolu-na-anọ, Narii-isii-na-iri-itoolu-na-ise, Narii-isii-na-iri-itoolu-na-isii, Narii-isii-na-iri-itoolu- na-asaa, Narii-isii-na-iri-itoolu-na-asatọ, Narii-isii-na-iri-itoolu-na-itoolu, Narii-asaa.

ỌNỤ-ỌGỤGỤ:
(SITE NA NARII ASAA NA OTU RUE NA NARII ASATỌ).

Narii-asaa-na-otu, Narii-asaa-na-abụọ, Narii-asaa-na-atọ, Narii-asaa-na-anọ, Narii-asaa-na-ise, Narii-asaa-na-isii, Narii-asaa-na-asaa, Narii-asaa- na-asatọ, Narii-asaa-na-itoolu, Narii-asaa-na-iri. Narii-asaa-na-iri-na-otu, Narii-asaa-na-iri-na-abụọ, Narii-asaa-na-iri-na-atọ, Narii-asaa-na-iri-na-anọ, Narii-asaa-na-iri-na-ise, Narii-asaa-na-iri-na-isii, Narii-asaa-na-iri-na-asaa, Narii-asaa-na-iri-na-asatọ, Narii-asaa-na-iri-na-itoolu, Narii-asaa-na-iri-abụọ.

Narii-asaa-na-iri-abụọ-na-otu, Narii-asaa-na-iri-abụọ-na-abụọ, Narii-asaa-na-iri-abụọ-na-atọ, Narii-asaa-na-iri-abụọ-na-anọ, Narii-asaa-na- iri-abụọ-na-ise, Narii-asaa-na-iri-abụọ-na-isii, Narii-asaa-na-iri-abụọ-na-asaa, Narii-asaa-na-iri- abụọ-na-asatọ, Narii-asaa-na-iri-abụọ-na-itoolu, Narii-asaa-na-iri-atọ.

Narii-asaa-na-iri-atọ-na-otu, Narii-asaa-na-iri-atọ-na-abụọ, Narii-asaa-na-iri-atọ-na-atọ, Narii-asaa-na-iri-atọ-na-anọ, Narii-asaa-na-iri-atọ-na-ise, Narii- asaa-na-iri-atọ-na-isii, Narii-asaa-na-iri-atọ-na-asaa, Narii-asaa-na-iri-atọ-na-asatọ, Narii-asaa-na-iri-atọ- na-itoolu, Narii-asaa-na-iri-anọ.

Narii-asaa-na-iri-anọ-na-otu, Narii-asaa-na-iri-anọ-na-abụọ, Narii-asaa-na-iri-anọ-na-atọ, Narii-asaa-na-iri-anọ-na-anọ, Narii-asaa-na-iri-anọ-na-ise, Narii-asaa-na-iri-anọ-na-isii, Narii-asaa-na-iri-anọ-na-asaa, Narii-asaa-na-iri-anọ-na-asatọ, Narii-asaa-na-iri-anọ-na-itoolu, Narii-asaa-na-iri-ise.

Narii-asaa-na-iri-ise-na-otu, Narii-asaa-na-iri-ise-na-abụọ, Narii-asaa-na-iri-ise-na-atọ, Narii-asaa-na-iri-ise-na-anọ, Narii-asaa-na-iri-ise-na-ise, Narii-asaa-na-iri-ise-na-isii, Narii-asaa-na-iri-ise-na-asaa, Narii-asaa-na-iri-ise-na-asatọ, Narii-asaa-na-iri-ise-na-itoolu, Narii-asaa-na-iri-isii.

Narii-asaa-na-iri-isii-na-otu, Narii-asaa-na-iri-isii-na-abụọ, Narii-asaa-na-iri-isii-na-atọ, Narii-asaa-na-iri-isiii-na-anọ, Narii-asaa-na-iri-isii-na-ise, Narii-asaa-na-iri-isii-na-isii, Narii-asaa-na-iri-isii-na-asaa, Narii-asaa-na-iri-isii-na-asatọ, Narii-asaa-na-iri-isii-na-itoolu, Narii-asaa-na-iri-asaa.

Narii-asaa-na-iri-asaa-na-otu, Narii-asaa-na-iri-asaa-na-abụọ, Narii-asaa-na-iri-asaa-na-atọ, Narii-asaa- na-iri-asaa-na-anọ, Narii-asaa-na-iri-asaa-na-ise, Narii-asaa-na-iri-asaa-na-isii, Narii-asaa-na-iri-asaa- na-asatọ, Narii-asaa-na-iri-asaa-na-itoolu, Narii-asaa-na-iri-asatọ.

Narii-asaa-na-iri-asatọ-na-otu, Narii-asaa-na-iri-asatọ-na-abụọ, Narii-asaa-na-iri-asatọ-na-atọ, Narii-asaa-na-iri-asatọ-na-anọ, Narii-asaa-na- iri-asatọ-na-ise, Narii-asaa-na-iri-asatọ-na-isii, Narii-asaa-na-iri-asatọ-na-asaa, Narii-asaa-na-iri- asatọ-na-asatọ, Narii-asaa-na-iri-asatọ-na-itoolu, Narii-asaa-na-iri-itoolu.

Narii-asaa-na-iri-itoolu-na-otu, Narii-asaa-na-iri-itoolu-na-abụọ, Narii-asaa-na-iri-itoolu-na-atọ, Narii-asaa-na-iri-itoolu-na-anọ, Narii-asaa-na- iri-itoolu-na-ise, Narii-asaa-na-iri-itoolu-na-isii, Narii-asaa-na-iri-itoolu-na-asaa, Narii-asaa-na-iri- itoolu-na-asatọ, Narii-asaa-na-iri-itoolu-na-itoolu, Narii-asatọ (Nnụ abụọ).

ỌNỤ-ỌGỤGỤ:
(SITE NA NARII ASATỌ NA OTU RUE NA NARII ITOOLU)

Narii-asatọ-na-otu, Narii-asatọ-na-abụọ, Narii-asatọ-na-atọ, Narii-asatọ-na-anọ, Narii-asatọ-na-ise, Narii- asatọ-na-isii, Narii-asatọ-na-asaa, Narii-asatọ-na- asatọ, Narii-asatọ-na-itoolu, Narii-asatọ-na-iri.

Narii-asatọ-na-iri-na-otu, Narii-asatọ-na-iri-na-abụọ, Narii-asatọ-na-iri-na-atọ, Narii-asatọ-na-iri-na-anọ, Narii-asatọ-na-iri-na-ise, Narii-asatọ-na-iri-na-isii, Narii-asatọ-na-iri-na-asaa, Narii-asatọ-na-iri-na- asatọ, Narii-asatọ-na-iri-na-itoolu, Narii-asatọ-na-iri-abụọ. Narii-asatọ-na-iri-abụọ-na-otu, Narii-asatọ- na-iri-abụọ-na-abụọ, Narii-asatọ-na-iri-abụọ-na-atọ, Narii-asatọ-na-iri-abụọ-na-anọ, Narii-asatọ-na-iri-abụọ-na-ise, Narii-asatọ-na-iri-abụọ-na-isii, Narii-asatọ-na-iri-abụọ-na-asaa, Narii-asatọ-na-iri- abụọ-na-asatọ, Narii-asatọ-na-iri-abụọ-na-itoolu, Narii-asatọ-na-iri-atọ.

Narii-asatọ-na-iri-atọ-na-otu, Narii-asatọ-na-iri-atọ-na-abụọ, Narii-asatọ-na-iri-atọ-na-atọ, Narii-asatọ-na-iri-atọ-na-anọ, Narii-asatọ-na-iri-atọ-na-ise, Narii-asatọ-na-iri-atọ-na-isii, Narii-asatọ-na-iri-atọ-na-asaa, Narii-asatọ-na-iri-atọ-na-asatọ, Narii-asatọ-na-iri-atọ-na-itoolu, Narii-asatọ-na-iri-anọ.

Narii-asatọ-na-iri-anọ-na-otu, Narii-asatọ-na-iri-anọ-na-abụọ, Narii-asatọ-na-iri-anọ-na-atọ, Narii-asatọ- na-iri-anọ-na-anọ, Narii-asatọ-na-iri-anọ-na-ise, Narii-asatọ-na-iri-anọ-na-isii, Narii-asatọ-na-iri-anọ-na-asaa, Narii-asatọ-na-iri-anọ-na-asatọ, Narii-asatọ-na-iri-anọ-na-itoolu, Narii-asatọ-na-iri-ise.

Narii-asatọ-na-iri-ise-na-otu, Narii-asatọ-na-iri-ise-na-abụọ, Narii-asatọ-na-iri-ise-na-atọ, Narii-asatọ-na-iri-ise-na-anọ, Narii-asatọ-na-iri-ise-na-ise, Narii-asatọ-na-iri-ise-na-isii, Narii-asatọ-na-iri-ise-na-asaa, Narii-asatọ-na-iri-ise-na-asatọ, Narii-asatọ-na-iri-ise-na-itoolu, Narii-asatọ-na-iri-isii.

Narii-asatọ-na-iri-isii-na-otu, Narii-asatọ-na-iri-isii-na-obụọ, Narii-asatọ-na-iri-isii-na-atọ, Narii-asatọ-na-iri-isii-na-anọ, Narii-asatọ-na-iri-isii-na-ise, Narii-asatọ-na-iri-isii-na-isii, Narii-asatọ-na-iri-isii-na-asaa, Narii-asatọ-na-iri-isii-na-asatọ, Narii-asatọ-na-iri-isii-na-itoolu, Narii-asatọ-na-iri-asaa, Narii-asatọ- na-iri-asaa-na-otu, Narii-asatọ-na-iri-asaa-na-abụọ, Narii-asatọ-na-iri-asaa-na-atọ, Narii-asatọ-na-iri-asaa-na-anọ, Narii-asatọ-na-iri-asaa-na-ise, Narii-asatọ-na-iri-asaa-na-isii, Narii-asatọ-na-iri-asaa-na-asaa, Narii-asatọ-na-iri-asaa-na-asatọ,

Narii-asatọ-na-iri-asaa-na-itoolu, Narii-asatọ-na-iri-asatọ. Narii-asatọ-na-iri-asatọ-na-otu, Narii-asatọ-na-iri-asatọ-na-abụọ, Narii-asatọ-na-iri-asatọ-na-atọ, Narii-asatọ-na-iri-asatọ-na-anọ, Narii-asatọ-na-iri-asatọ-na-ise, Narii-asatọ-na-iri-asatọ-na-isii, Narii-asatọ-na-iri-asatọ-na-asaa, Narii-asatọ-na-iri-asatọ-na-asatọ, Narii-asatọ-na-iri-asatọ-na-itoolu, Narii-asatọ-na-iri-itoolu, Narii-asatọ-na-iri-itoolu-na- otu, Narii-asatọ-na-iri-itoolu-na-abụọ, Narii-asatọ- na-iri-itoolu-na-atọ, Narii-asatọ-na-iri-itoolu-na-anọ, Narii-asatọ-na-iri-itoolu-na-ise, Narii-asatọ-na-iri-itoolu-na-isii, Narii-asatọ-na-iri-itoolu-na-asaa, Narii- asatọ-na-iri-itoolu-na-asatọ, Narii-asatọ-na-iri-itoolu-na-itoolu, Narii-itoolu, (Nnụ abụọ na ohu ise).

ỌNỤ-ỌGỤGỤ:
(SITE NA NARII ITOOLU NA OTU RUE NA PUKU).

Narii-itoolu-na-otu, Narii-itoolu-na-abụọ, Narii-itoolu-na-atọ, Narii-itoolu-na-anọ, Narii-itoolu-na-ise, Narii- itoolu-na-isii, Narii-itoolu-na-asaa, Narii-itoolu-na- asatọ, Narii-itoolu-na-itoolu, Narii-itoolu-na-iri.

Narii-itoolu-na-iri-na-otu, Narii-itoolu-na-iri-na-abụọ, Narii-itoolu-na-iri-na-atọ, Narii-itoolu-na-iri-na-anọ, Narii-itoolu-na-iri-na-ise, Narii-itoolu-na-iri-na-isii, Narii-itoolu-na-iri-na-asaa, Narii-itoolu-na-iri-na- asatọ, Narii-itoolu-na-iri-na-itoolu, Narii-itoolu-na-iri-abụọ, Narii-itoolu-na-iri-abụọ-na-otu, Narii-itoolu- na-iri-abụọ-na-abụọ, Narii-itoolu-na-iri-abụọ-na-atọ, Narii-itoolu-na-iri-abụọ-na-anọ, Narii-itoolu-na-iri-abụọ-na-ise, Narii-itoolu-na-iri-abụọ-na-isii, Narii-itoolu-na-iri-abụọ-na-asaa, Narii-itoolu-na-iri- abụọ-na-asatọ, Narii-itoolu-na-iri-abụọ-na-itoolu, Narii-itoolu-na-iri-atọ, Narii-itoolu-na-iri-atọ-na-otu, Narii-itoolu-na-iri-atọ-na-abụọ, Narii-itoolu-na-iri- atọ-na-atọ, Narii-itoolu-na-iri-atọ-na-anọ, Narii-itoolu-na-iri-atọ-na-ise, Narii-itoolu-na-iri-atọ-na-isii, Narii-itoolu-na-iri-atọ-na-asaa, Narii-itoolu-na-iri-atọ-na-asatọ, Narii-itoolu-na-iri-atọ-na-itoolu,

Narii-itoolu-na-iri-anọ.

Narii-itoolu-na-iri-anọ-na-otu, Narii-itoolu-na-iri-anọ-na-abụọ, Narii-itoolu-na-iri-anọ-na-atọ, Narii-itoolu- na-iri-anọ-na-anọ, Narii-itoolu-na-iri-anọ-na-ise, Narii-itoolu-na-iri-anọ-na-isii, Narii-itoolu-na-iri-anọ-na-asaa, Narii-itoolu-na-iri-anọ-na-asatọ, Narii-itoolu-na-iri-anọ-na-itoolu, Narii-itoolu-na-iri-ise.

Narii-itoolu-na-iri-ise-na-otu, Narii-itoolu-na-iri-ise-na-abụọ, Narii-itoolu-na-iri-ise-na-atọ, Narii-itoolu-na-iri-ise-na-anọ, Narii-itoolu-na-iri-ise-na-ise, Narii-itoolu-na-iri-ise-na-isii, Narii-itoolu-na-iri-ise-na-asaa, Narii-itoolu-na-iri-ise-na-asatọ, Narii- itoolu-na-iri-ise-na-itoolu, Narii-itoolu-na-iri-isii.

Narii-itoolu-na-iri-isii-na-otu, Narii-itoolu-na-iri-isii-na-abụọ, Narii-itoolu-na-iri-isii-na-atọ, Narii-itoolu-na-iri-isii-na-anọ, Narii-itoolu-na-iri-isii-na-ise, Narii-itoolu-na-iri-isii-na-isii, Narii-itoolu-na-iri-isii- na-asaa, Narii-itoolu-na-iri-isii-na-asatọ, Narii-itoolu-na-iri-isii-na-itoolu, Narii-itoolu-na-iri-asaa.

Narii-itoolu-na-iri-asaa-na-otu, Narii-itoolu-na-iri-asaa-na-abụọ, Narii-itoolu-na-iri-asaa-na-atọ, Narii-itoolu-na-iri-asaa-na-anọ, Narii-itoolu-na- iri-asaa-na-ise, Narii-itoolu-na-iri-asaa-na-isii, Narii-itoolu-na-iri-asaa-na-asaa, Narii-itoolu-na-iri- asaa-na-asatọ, Narii-itoolu-na-iri-asaa-na-itoolu, Narii-itoolu-na-iri-asatọ.

Narii-itoolu-na-iri-asatọ-na-otu, Narii-itoolu-na-iri-asatọ-na-abụọ, Narii-itoolu-na-iri-asatọ-na-atọ, Narii-itoolu-na-iri-asatọ-na-anọ, Narii-itoolu-na-iri-asatọ-na-ise, Narii-itoolu-na-iri-asatọ-na-isii, Narii-itoolu-na-iri-asatọ-na-asaa, Narii-itoolu-na-iri-asatọ-na-asatọ, Narii-itoolu-na-iri-asatọ-na-itoolu, Narii-itoolu-na-iri-itoolu.

Narii-itoolu-na-iri-itoolu-na-otu, Narii-itoolu-na-iri-itoolu-na-abụọ, Narii-itoolu-na-iri-itoolu-na-atọ, Narii-itoolu-na-iri-itoolu-na-anọ, Narii-itoolu-na-iri-itoolu-na-ise, Narii-itoolu-na-iri-itoolu-na-isii, Narii-itoolu-na-iri-itoolu-na-asaa, Narii-itoolu-na-iri-itoolu-na-asatọ, Narii-itoolu-na-iri-itoolu-na-itoolu, Puku (Nnụ abụo na ohu iri).

OGE:

Oge di mpka, anyi nwere ihe ana-akpọ igwe-oge. Ee, igwe-oge na-egosi ihe na-akụ n'oge niile.

N'ezie, ọna-egosi ihe na-akụ n'ehihie. Ọna-egosikwa ihe na-akụ n'oge abali.

Anyi nwere igwe-oge nke ana-agba n'aka. Anyi nwekwara igwe-oge, bụ nke ana-edote n'ime ụlọ. Ma-ọbụ nke ana-ekonye na-ahụ ụlọ.

Oge di gi mkpa, n'ihi na ọbụ ya ka-iji atule ọlụ diri gi.

Ugbua, ka anyi tulee ọlụ-ọma di iche iche, bụ nke igwe-oge na-alụ.

Na mbụ, igwe-oge nwere ihe anyi na-akpọ elekere, nweekwa ihe anyi na-akpọ nkeji.

Nkeji iri-isii di n'ime otu elekere. N'ebe elekere abụọ di, ka anyi nwere narii nkeji na nkeji iri abụọ.

Ọzọ, narii nkeji na nkeji iri asatọ ka anyi nwere n'ime elekere atọ.

Ugbua, lee igwe-oge ndia niile anya nke ọma. Leekwa oge di iche iche, bụ nke ha na-egosi, n'otu n'otu.

AKA-NKEJI.

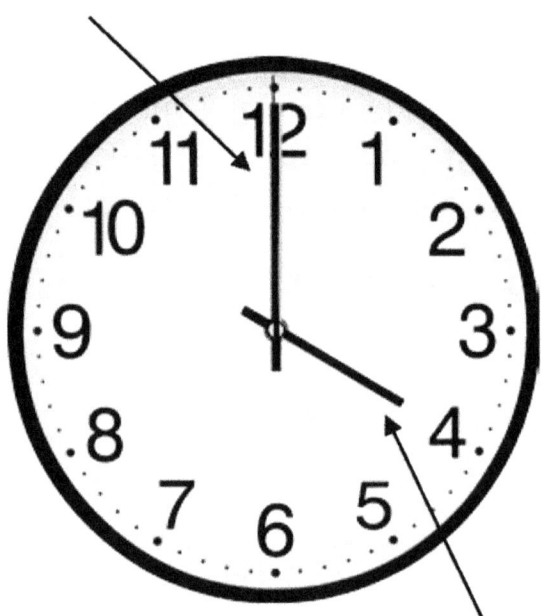

AKA-ELEKERE.

Ajụjụ: Ọbụ gini na-akụ?
Ọziza: Ọbụ elekere asatọ na-akụ.

Ajụjụ: Ezigbo enyi m, gwa m ihe na-akụ ugbua.
Ọziza: Ọfọdụrụ nkeji iri ka elekere abụa kụa.

Ajụjụ: Gini na-akụ ugbua?
Ọziza: Nkeji ise fọdụrụ ka elekere itoolu kụa.

Ajụjụ: Enyi m, ọbụ gini na-akụ ugbua?
Ọziza: N'ezie, owerela nkeji iri abụa gafee elekere atọ.

Ajụjụ: Ezigbo enyi m, ọbụ gini na-akụ ugbua?
Ọziza: Ọbụ elekere isii na-akụ.

Ajụjụ: Biko, ọbụ gini na-akụ ugbụa?
Ọziza: Owerela nkeji iri abụa na ise gafee elekere iri.

Ajụjụ: Ọbụ gini na-akụ ugbua?
Ọziza: Owerela nkeji iri na ise gafee elekere asatọ.

Ajụjụ: Biko enyi m, ọbụ gini na-akụ ugbua?
Ọziza: Nkeji iri na ise fọdụrụ ka elekere atọ kụa.

Ajụjụ: Ọbụ gini na-akụ ugbua?
Ọziza: Ọbụ elekere abụa na-akụ ugbua.

Ajụjụ: Ezigbo enyi m, biko, ọbụ gini na-akụ ugbua?
Ọziza: Owerela ọkara gafee elekere itoolu.

Ọbụ elekere atọ na-akụ ugbua.

Nkeji ise fọdụru ka elekere asatọ kụa.

Elekere ise akụala.

Elekere iri na-akụ ugbua.

Nkeji iri abụa ka ọfọdụrụ ka elekere iri-na-abụa kụa.

Owerela nkeji ise gafee elekere iri-na-abụa.

Owerela ọkara gafee elekere atọ.

Elekere anọ na-akụ ugbua.

OMUME NDI-IGBO.

Omume di iche iche ka ndi-Igbo na-eme. Omume ndia bụ omenala; n'ezie ha bụkwa ihe na-egosi na ndi-Igbo bụ ndi-Igbo kpọm kwem.

Inye-ekele bụ omume ejiri mara ndi Igbo n'ebe niile. Ee, ndi-Igbo na-enye ezi-ekele.

Inye-Onyinye bụkwa ọlụ di mkpa, nke ukwuu, na-ndụ ndi-Igbo niile. Ndi-Igbo kwenyere na ima-aka na-ebute ọganiru. Ya mere, onye hụ ka enyi ya mere, okulie, gbaakwa mbọ ka omee karia nke enyi ya mere.

Imụ-akwụkwọ na-atọ ha ụtọ n'ụbụrụ, tọruekwa ha n'ụmi-ọkpụkpụ. Nkea mere na ha na-eje ije n'obodo ndi-ọzọ di iche iche, ime ka oke-mmụta ha mụbaa di-ka mmanụ.

Ee, iti-mgba ma-ọbụ igba-mgba bụ omume ndi-Igbo. Ụfọdụ n'ime ha na-eti mgba, igosi na ha bụ ndi wara anya.

Ikọ-akụkọ bụkwa omume ha. N'ezie, ndi Igbo hụrụ ọganiru n'anya. Ya mere, ọtụtụ n'ime ha bụ ndi na-ere ahia. Ụfọdọ na-alụ ọlụ aka, ikpado akụ-na-ụba nke aka ha.

Ire-ahia bụ ichụ-nta ego. Ee, ikpado akụ-na-ụba bụkwa ọlụ di mma, bụrụkwa ọlụ kwesiri ka onye nwere ezi-akọ na uche lụa.

Ndi-Igbo kwenyere na Chi ha. N'ezie, ha niile kwenyere n'otu Onye-Okike ana-akpọ Chineke. Obụ ezie na ha niile kwenyere n'otu Onye-Okike, ndi na-efe arụsi n'ime ha kwenyekwara nkwenye di-omimi n'ime arụsi ha.

Ndi na-efe naani otu Onye-Okike wuru ụlọ-ụka di iche iche. Ọbụkwa n'ime ụlọ ndia niile ka ha na-enwe nzukọ maka ife Chineke ha ofufe.

Igba-egwu na-atọ ndi Igbo ụtọ. Ee, ụfọdụ n'ime ha were iti-egwu dika naani ọlụ-aka ha.

EKELE:

Ekele di mkpa n'ala-Igbo. Ee, ekele bara uru. Inye ekele bụ onyinye mmadụ na-enye mmadụ ibe ya. Ee, ekele bara uru.

Inye ekele bụ inye nsọpụrụ. Ee, nkea bụkwa aka-nri kwọ aka-ikpa, mgbe ahụ, aka-ikpa akwọkwa aka-nri.

Mgbe ọ bụla izutere mmadụ ibe gi n'ụzọ, mee ọsọ-ọsọ nye ya ekele; ee, n'ihi na ime otua bụ ihe kwesiri ekwesi.

Ndi Isi-obodo anyi, ana-akpọ ndi Ụmụahia, na-ekele si: kaa'.

Ndi Aba-Ngwa, kpọm kwe m, n'ekele ndi-Okenye n'ụzọ pụrụ iche. Dika ihe ima-atụ; ọ bụrụ na ezigbo nwata ezute okenye n'ụzọ, otua ka ekele ha abụọ ga- adi:

Nwata nwoke: Daa maa-azi.
Agadi nwanyi: Nde nwa m,
Nwata nwoke: Naa awụ.
Agadi nwanyi: Nna nwa-afọ m.
Nwata nwoke: kaa nka.
Agadi nwanyi: Nka mụ na gi. Mụ na aka, gi adi aka; ma, gi akaka m.

Ekele di otua gosiri nsọpụrụ nwata nwoke ahụ nwere n'ebe agadi nwanyi ahụ nọ, gosikwa ihụ-nanya nke agadi nwanyi ahụ nwere n'ebe nwata nwoke ahụ nọ.

Nsọpụrụ na ihụ-nanya bụ imenyere m, mụ emenyere gi. Ee, inye ekele bụ ọlụ diri mmadụ niile.

Nwata nke na-enweghi ọnụ-ekele ka ndi-okenye na-eleda anya, n'ezie, ha na-akpọkwa omume di otua asi.

Ee, onye mara ihe adighi eme omume di ka ọkụkọ……nke na-ehicha ọnụ ya mgbe olochara mkpụrụ-akụ na-ọka, bụ nke atụpụrụ ya……ma onweghi ọnụ ekele ma-ọli. N'ezie, omume di otua jọrọ njọ nke ukwuu.

Ima mma nke nwa-mmadụ dabere n'inye ekele, na n'inye nsọpụrụ, bụ nke ọna-enye ndi-ọzọ. Ma, onye nke na-enweghi ezi uche na-eme ọsọ-ọsọ ifuli onwe ya elu. Ajọọ mmadụ di otua enwekwaghi ọnụ-ekele, n'ihi na ezi akọ-na-uche kọrọ ya.

Ekpere nke ekele bara ụba n'ime ya ka iga-eji bugara Chineke mkpa gi niile. Ọbụrụ na imeghi nkea, ekpere gi bụ naani ọlụ-di-nzuzu n'ezie.

Ipụghi inata ihe ọbụla site n'aka Chineke, mgbe ina-eme mpako, na-emekwa omume di ka ọkụkọ nke na-enweghi ọnụ-ekele. Ee, tulee uche gi kwa ụbọchi, n'ihi na "ekele bụ oke uru".

Ekele na abụ-otito ka Chineke na-achọ n'aka gi, tụmadụ, n'oge ina-ejekwuru ya n'ekpere. Ọbụrụ na imeghi otua, ọlụ ina-alụ bụ itufu oge gi, na itufu oge nke Onye-Okike nke elu-ụwa na mbara elu-igwe.

Chineke achọghi mkpari. N'ezie, Chi bi n'igwe achọghi ọlụ di nzuzu ma-ọli. Onye-nzuzu di-egwu na-ekwu na Chineke adighi aza ekpere. Ma, kedu ka Eze-nke-ụwa- na-igwe ga-aza aririọ nke naani nzuzu bụ ọlụ jupụtara n'ime ya? Ọzọ, tulee uche gi mgbe ina-ejekwuru ya n'ekpere.

Nye ya ekele tutu gi akọwara ya mkpa gi. Nye ya abụ- ọñụ na abụ-otito n'ihi ihe-ọma niile, bụ nke omere gi n'oge gara aga.

Ee, nye Eze-nke-ndi-eze otito kwesiri ya tutu gi arapụrụ ya mkpa gi na obe nke na-anyigbu gi.

IMA-AKA:

N'ezie, ima-aka bụ omume ndi-Igbo. Ee, ụmụ-ntakiri na-eme ya. Ndi okenye, n'ala Igbo, na-emekwa ya.

Ụmụ-akwụkwọ n'ala Igbo ghọtara, n'ezie na ima-aka na-eweta ọganiru. N'ihi nkea, ha na-agụsi akwụkwọ ike, igosi ndi-enyi ha na ha mara ihe karisia.

Otụtụ ụmụ-akwụkwọ na-achọ ka ha nweta akara-ugo nke di elu. Nkea bụ ezi-okwu, bụrụkwa ori-ọna nke akọ-na-uche ha.

Ndi-enyi abụọ ma-ọbụ atọ zukọta, ha amalite ima- aka. Otu ga-ebuli, kwue na ya ga-ewu ụlọ nke aka ya. Mgbe ọna-ewu ụlọ-ahụ, enyi ya nke ọzọ ga-enwe mkpebi iwu ụlọ abụọ. Mgbe ha abụọ na-eme nke ha, enyi ha nke atọ ga-enwekwa mkpebi nke aka ya.

Mkpebi ya ga-abụ iwu ụlọ-elu nke mara mma karisia. Ọbụghi naani nkea ka ọga-eme, ọga-alụkwa nwunye, chiekwa ezigbo echichi, bụ nke ana-akpọ ichi ọzọ.

ONYINYE:

Inye-Onyinye bụ omenala ndi-Igbo. Mgbe nwa-agbọghọbia mụrụ nwa ọhụrụ, ndi agbata obi ya ga-ewere Onyinye di iche iche nye ya. Ee, ha na-eme nkea igosi ya na ha nwere obi-añụri di ukwuu n'ebe nwa-ọmụrụ nọ.

Ọmụmụ-nwa na-eweta obi añụri n'ezi na ụlọ niile. Di nwa-agbọghọbia ahụ mụrụ nwa ga-enwekwa obi añụri, nke ukwuu, Ee, obi ga-atọ ya ụtọ n'ihi na nwunye ya mụrụ ya nwa.

Ọbụrụ na nwa ahụ bụ nwoke, di nwa-agbọghọ ahụ ga-enwe ọñụ pụrụ iche, n'ihi na nwunye ya enyela ya onye ga-anọchi ọnọdụ ya mgbe ọga-arapụ ụwa nkea, laakwa ebighi-ebi ya.

Onyinye di iche iche ka ndi Igbo na-enye, di ka oge-onyinye ahụ si di. N'ezie, tutu nwa-agbọghọbia amụa nwa, okwesiri ka oburu ụzọ lụa di. Ọlụlụ di na nwunye bụ igba-akwụkwọ.

Igba-akwụkwọ bụkwa oge-onyinye pụrụ iche. Ee, mgbe nwa-okorobia lụrụ ọlụ diri ya….. bụ ichọta nwa-agbọghọbia, bụ onye ọga-ewere dika nwunye nke aka ya, ndi-enyi na ndi agbata-obi ya ga-ewere onyinye di iche iche zokwasi ya na nwunye ọhụrụ ya, dika nnukwu mmiri ozuzo.

Ọzọ, ndi ikwu-na-ibe ya ga-enyere nwoke ahụ aka. Ụfọdụ n'ime ha ga-atụrụ ya ego, n'ihi na ilụ-nwanyi bụ ọlụ siri-ike. Ụmụ-nna na ndi-enyi ya ga-enye ya ndụmọdụ banyere ọlụlụ di na nwunye.

Ụmụ-nwanyi n'ezi-na-ụlọ ya ga-agbakọta, jere ya ozi di iche iche. Ụmụ-ntakiri n'ezi-na-ụlọ ahụ ga-enyekwara ya aka, n'ụzọ nke ha.

Ndi-okenye, n'ezi-na-ụlọ ahụ, ga-enyekwa aka nke ha. Ee, ihe ndia niile bụ onyinye. Onyinye ana-enye di na nwunye ọhụrụ abụghi naani ji na ede, ego na udu mmanya. Oge na ije-ozi bụkwa onyinye di elu.

Mgbe nwata nwoke ma-ọbụ nwa-agbọghọ na-eje obodo ndi-ọcha maka imụ-akwụkwọ, ndi agbata-obi na ndi-enyi ya ga-enyere ya aka. Ego bụ ihe kachasi mkpa n'oge di otua. Ee, ha ga-atụ-ego nye ya.

Ndi ụkọ-chukwu ga-ekpere ya ekpere. Ha ga-ariọkwa Chineke ka odurue ya nke ọma, gọziekwa ya n'ebe ahụ ọna-eje.

Ndi-Igbo kwenyere kpọm-kwem, na Chineke bụ ezi-onye-ndu. N'ihi nkea, odudu-nke Chineke ka mma karia odudu nke ihe niile.

Ndi-Igbo ghọtara n'ezie na ọnwụ bụ nsọtụ-ije nke ụwa nkea. Ya mere, oge-ọnwụ-nke ụwa bụkwa oge onyinye. Mgbe mmadụ nwụrụ, ikwu-na-ibe niile na- agbakọta maka nche-abali, na olili nke onye nwụrụ anwụ.

Ndi di ndụ ga-eri uju, beekwa akwa. Igba-mkpe nke onye-nwụrụ anwụ bụkwa ihe ikwu-na-ibe ga-eme.

Onyinye di iche iche ka ndi-ụka na ndi agbata-obi ga-eweta, nye ndi nwe ozu. Ee, ego di mkpa n'oge di otua. N'ezie, ọbụrụ na onye nke rapụrụ ụwa bụ okenye, bụrụkwa dimkpa na dike, nche-abali na olili ya aghaghi inwe ezi ọnọdụ dika mbuli-elu ya si di.

Onyinye di elu ka ndi-ọgọ na ndi ikwu-na-ibe ga-eweta. Ee, olili ya aghaghi ibụkwa oke-mmemme ma-ọbụ emume.

IGBA-EGWU:

Ite-egwu mara mma nke ukwuu. Ọna-eme ka ahụ mmadụ di gara-gara. Ọbụghi mmadụ nille ma ka esi-ete-egwu, n'ihi na ite-egwu bụ onyinye si n'aka nke Chineke bia.

Igba-egwu bụ omume ndi-Igbo. Ee, omume di otua bụkwa omenala nke ahụrụ n'anya.

Na mgbe ochie, ndi-Igbo na-agba ikoro. N'ime ime-obodo, ụmụ-ntakiri na ụmụ-okorọbia na-agba ekpo, n'ọnwa iri-na-abụọ, nke afọ niile.

Egwu-ọnwa ka ụmụ-ntakiri na-agba n'abali, tụmadụ n'oge ọkọchi. Mgwuri egwu bụkwa ọlụ ụmụ-ntakiri n'oge mmiri-ozuzo na-alụ ọlụ diri ya.

Egwu-ọnwa ka ụmụ-ntakiri na-agba n'abali, tụmadụ n'oge ọkọchi. Mgwuri egwu bụkwa ọlụ ụmụ-ntakiri n'oge mmiri-ozuzo na-alụ ọlụ diri ya.

Ọkọ-nkọ bụ omenala Igbo. Ana-eme ya kwa afọ, na Olokoro nke di na Ụmụahia. Iwa ji bụ oge-oriri na ọñụñụ. Ọbụkwa afọ niile ka ana-eme ya.

Ndi na-aghọtaghi omenala di otua nwere nkwenye na nkea bụ ikpere arụsi. Ndi Ụkọ-Chukwu di iche-iche nwere nghọtahie di otua n'ezie. Ha nwere nghọtahie ahụ nihi na ha aghọtaghi omenala ndi-Igbo nke ọma.

Oge owuwe-ihe-ubi bụ oge inye Onye-Okike ekele pụrụ iche. Ime nkea bụkwa inye Chineke ezi-ekele ruru ya. N'ihi nkea ọtụtụ mmadụ n'ala Igbo, na-ewere ụfọdụ n'ime ihe-owuwe-ubi ha, wegara ndi Ụkọ-Chukwu ha.

Mgbe ha na-eme nkea, ndi Ụkọ-Chukwu ahụ niile ga-agọzi ha n'ekpere.

IKPERE CHINEKE:

Okpukpere-chi di ndi-Igbo mkpa. Ha hụkwara Chineke n'anya nke ukwuu. Ọbụ ezie na mmadụ ole na ole na-efe Chi ha ofufe dika omenala nke ndi agba-ochie si di, ma, ọtụtụ mmadụ kwenyere kpọm kwem na Eze-nke-igwe bụ naani Chi nke kwesiri ka efee ya ofufe.

Ikpere Chineke bara uru. Ezi olile-anya dikwa n'ime ya. Udo-nke-obi jupụtara n'obi ndi ji obi-ụtọ na obi nke di nwayọọ na-efe Chineke ofufe. Onye nwe anyi bụ Eze, bụrụkwa Onye-Okike nke ụwa na igwe. Ya onwe ya bụ Ọkaakaa, ma-ọbụ Ọkaa Omee. Onweghi onye, ma-ọbụ ihe kariri ya na-idi elu ma-ọbụ na-idi ike.

Chineke bụ Eze kwesiri ofufe, n'ebe niile na n'ụzọ

niile. Onweghi ihe ma-ọbụ onye dika Eze-nke-Igwe. Ndi mmọọ ozi na-efe ya ofufe. Ya mere, mmadụ niile kwesiri ikpọ isi-ala nye ya. Ikpọku ya n'ekpere bụ ọlụ diri mụ na gi. N'ezie, bugara ya mkpa gi niile siten'ekpere.

ỤDA-OKWU NA OKWU NTABI-IRE:

Ụda-okwu na-egosi nkọwa ya. Dika ihe ima-atụ, anyi nwere okwu ndia:

1. Égbé na égbē

    Égbé bụ anụ-ufe; ma, égbē ka di-nta ji achụ-nta.

    Ọbụkwa égbē ka ndi-agha ji eje ibu-agha.

    Égbé na-eburu ụmụ-ọkụkọ; ma, égbē ka eji agbagbu égbé.

    Ezi di-nta were égbē ya gbagbue égbé na-efe efe.

    Tulee asụsụ ndia:

    Onye na-agba égbé égbē na-agba ebelebe.

    Ee, tuleekwa asụsụ ndia, dika ima mma ha si di:

2. Ọdum ije bụ ọ́dụ́m di ike.

    Ọdụm bụ anụmanụ; ma, Odum ije bụ onye-ndụ.

    Lebara okwu abụọ ndia anya:

3. Ényí na ényí.

   Enyi bụ anụ-ọhia; ma, ezigbo enyi bụ ezi-oyi gi.

   Tulee okwu ndia na okwu ntabi-ire ha na-amipụta dika mkpụrụ:

4. ọkụ́ na ọkū.

   ọkū bu efere nke ewere ụrọ kpụọ.

   ọkụ́ na-enwu enwu. Ọna-agbakwa ọzara.

   ọkụ́ na-enwu enwu ka eji esi ihe.

   Ji ahụnyere n'ọkụ ga-eghe eghe.

   ọkụ́ na-ere ọkū etinyere n'ime ọkụ́ na-eme ka ọkū ahụ gbasie-ike.

   Ka anyi lebara okwu abụọ ndia anya.

5. Ázú na ázū.

   Ázú bụ anụ-mmiri. Ndi na-egbu ázū bụ ndi-ọlụ. Ázū bụihe-oriri. Ee, ázū echekpọrọ echekpọ na-atọ ụtọ.

   Ázú nwere nkọwa di iche iche. Na mbụ, āzú na-egosi ihe nke na-adighi. Ọna-egosikwa ihe ajụrụ ajụ.

Ọganiru di n'iru; ma, enweghi ọganiru kwesiri inwe ọnọdụ ya na-azụ.

Ázú na-egosi ihe gafere agafe.

Anya, na iru na afọ mmadụ di n'iru ya mgbe ọna-eje ije, ọbụkwa n'iru ya ka ọna-elepụ anya. Ilaghachi āzú bụ ọlụ jọrọ njọ. N'ezie, ilaghachi azụ bụ onye-iro nke ọganiru. Ázū bụ anụ na-ebi n'ime mmiri; ma, ázú na-egosi oge nke ajụrụ ajụ. Anya mmadụ di n'iru ya. Azụ bụ ihe ọzọ.

Onye ji ázú ya eje-ije na-egbu oge nke ya.

Onweghi onye iru ya di na- ázú ya.

N'ihi nkea, gaa n'iru; elekwala anya n'ázú.

6. Aziza na ụziza:

Aziza na ụziza bụ okwu yiri ibe ya. Ee, aziza ka eji azacha mbara-ezi na mbara-ama. Ọbụkwa ya ka eji eme ka ime-ụlọ di ọcha.

Nwanyi mụrụ nwa ọhụrụ ka ana-etere ofe ụziza n'oge ọmụpụtara nwa-ọhụrụ, n'ebe di ya. Ee, okporoko na azụ nke echekpọrọ-echekpọ ka ana- etinye n'ofe ya.

Akwụkwọ-nri ndi ọzọ bụ ụkazi, ụgụ, añara, ụha na ụgbọghọrọ.

7. Nti na nta:

   Nti-nti na nta-nta bụ okwu ntabi-ire. Ee, nti mmadụ di nta. Ọbụkwa ya ka mmadụ ji anụ-ihe.

   Idi nta nke nti dị nta apụghi ime ka nti ahụ dị nta bụrụzie di-nta. Ee, ihe dị nta bụ ihe pere mpe. Nkea bụkwa ihe di ntakiri.

   Ee, nti mmadụ di abụọ. Ma, ọbụghi ihe abụọ ka mmadụ ji nti ya abụọ anụ n'otu oge.

OKWU BANYERE AZỤ:

Azụ bụ anụ-mmiri. Ọbụghi anụ-ọhia, nke ọna-abụ anụ-ufe.

Oke-mmiri na oke-osimiri bụ ebe-obibi nke azụ di iche iche. Ee, azụ di iche iche jupụtara n'ime oke-mmiri di iche iche, n'ụwa niile. Ụfọdụ buru ibu, ụfọdụ di ntakiri. Ụfọdụ bụ azụ na-eri azụ ibe ha.

Onwere azụ ndi toro ogologo dika agwọ. Ụfọdụ buru ibu karia enyi. Azụ ụfọdụ di-ike dika ọdụm na agụ. N'ezie, azụ ụfọdụ tụrụ agwa, maakwa mma ile anya.

Enwekwara azụ, bụ ndi jọrọ-njọ karia udele niile anya. Ụfọdụ di aghụghọ karia mbekwu. Azụ ụfọdụ na-agba agba dika akpi na agbisi. N'ezie ndi na-egbu azụ, na azụ ndi-ọzọ, na-atụkwa ha egwu.

Ee, azụ ụfọdụ na-awuli-elu dika akiri na awọ. Ụfọdụ na-egbu mmadụ n'oke-osimiri, werekwa anụ ha mee ihe-oriri.

OGE ERUWO KA-ANYI LEBARA OKWU ABỤỌ ỌZỌ ANYA:

1. Éké na ēkē.

    Éké bụ agwọ; ma, ēkē bụ aha ahia.

    Tuleekwa okwu abụọ ndia, bụ nke mkpụrụ-okwu ha yiri ibe ha:

2. Isii na isi.

    Isii bụ ọnụ-ọgụgụ. Ma, isi bụ ebe ụbụrụ mmadụ, na nke azụ, anụ-ufe, na nke anụmanụ nwere ebe- obibi. Anụ-ufe nke na-enweghi isi bụ naani nke nwụrụ anwụ.

    Tuleekwa okwu ndia:

3. Úbé, ūbé, ūbē.

    Úbé bụ akwa nke nwa-nne na-akwa.

    Ūbé bụ mkpụrụ-osisi ana-aracha aracha. Ūbē bụ ihe di-nta ji achụ-nta. Ọbụkwa ihe ndi na-egbu azụ ji egbu-azụ n'oke osimiri.

4. ọ́zọ́, ōzō, na ōzọ́:

    ọ́zọ́, bụ ichi-echichi.

    Ōzō bụ anụ-ọhia.

    ōzọ́ bụ okwu ma-ọbụ ihe nke na-esote okwuma-ọbụ ihe gafere agafe.

Ka anyi lebara okwu ndia anya:

5. ọnyá na ōnyā.

Ōnya bụ ihe di-nta ji ejide anụ-ufe ma-ọbụ anụ-ọhia na mgberede.

ọnyá bụ ajọọ ọria dika ekpenta.

6. Ényí na ényī.

Ényí bụ anụ-ọhia buru ibu nke ukwuu. Ọna-atakwa ahihia dika ewu na atụrụ.

Ényī bụ ọyi gi, bụrụkwa mmadụ nke ihụrụ n'anya.

7. Ńkwọ́ na ñkwō.

Ńkwọ́ bụ aha ahia n'ala-Igbo. Anyi nwere Nkwọ-ukwu na Nkwọ-nta.

Nkwọ-nta bụ ụbọchi anọ. N'ezie, Nkwọ-ukwu bụ ụbọchi asatọ.

Ñkwō bụ ọnya eji-ejide akiri na mbara.

N'ezie, n'ezie, akiri na-atọ ụtọ nke ukwuu. Ee, ọdi-ụtọ dika anụ-ọkụkọ.

Akiri na-awuli-elu mgbe mmadụ, ma-ọbụ nwa-ologbo na-achuso ya. Ọna-ezekwara agwọ di iche iche ndu, n'ihi na agwọ na-egbu ya, werekwa ya mee ihe-oriri.

8. Ḿmá na ḿmā.

Ḿmá bụ ihe di ụtọ ile anya. Idi ụtọ ya na-emekwa ka mmadụ chọọ ya dika ihe nke aka ya. Ḿmā bụ ihe di iche. Ḿmā ka eji egbuwa nku. Obukwa ya ka eji egbu anu. Ndi na-alu olu-ubi na-ewere mmā ha sua ohia, n'oge ha na-akwado ohia ahu ka-oburu ala-ubi ha. Ejikwa mma egbu nkwu.

Mma di ntakiri ka umu-nwanyi ji ebi okoro, ugu na ukazi. Aguba bu mma eji ebe mbo mkpisi-ukwu na mbo mkpisi-aka.

9. Īkō na íkó.

Ikwa Īkō bu imebi iwu Chineke. Akwukwo-nso kwuru na ndi nille na-eme otua ga-ala n'oku mmuo.

Īkó bu ihe eji ekuru mmiri. Ozo, ndi-mmadu na-agbanye mmanya n'iko tutu ha añua ya.

Iko ufodu na-awa awa. Ndi-ozo adighi awa awa. Uro-igwe ka ejiri kpua iko ahu, bu nke na-adighi awa awa.

Ma, iko ejiri uro-enyo, ma-obu uro-aja kpua, na-awa mgbe odara n'elu nkume ma-obu ihe siri-ike nke ukwuu kariri ya.

Mpi-mkpi, ma-obu mpi-ebule ma-obu mpi-ehi ka ndi-okenye ji emee iko-mmanya ha. Ee, mpi ndia niile adighi awa awa.

10. Ūrē na ūré.

Ūrē na-egosi igba-agbogho nke nwa-agboghobia nke mara mma. Ee, nwanyi na-ere ure na-egosi ima mma ya.

Ūré bu ihe mebiri emebi. Anu rere ure na-esi isi. Azu rere ure bu ihe kwesiri ka atufue ya.

Ụdara rere ure adighi mma ibanye n'ime afọ onye ọbụla. Onye na-eri ihe rere ure na-akpọku ọria, ka ajọọ ọria ahụ bụrụ ezi-enyi ya.

11. ígwé, Īgwē Īgwé.

Ígwé bụ onye-eze. ọdi elu karia onye nwere akara-ugo nke ana-akpọ ózó.

Īgwē bụ ihe ana-agba agba. E, Īgwē nwere ụkwụ di gburu-gburu. N'ezie, igwe ụfọdụ nwere ụkwụ abụọ ma-ọbụ atọ. Igwe nke nwere ụkwụ anọ ka ana-akpọ ụgbọ-ala.

Onye na-eri ihe rere ure na-akpoku oria, ka ajọọ ọria ahu bụrụ ezi-enyi ya.

Ụgbọ-elu na ụgbọ-ala bụ igwe di oke-ọnụ ahia. Ọzọ, ụgbọ-mmiri bụ igwe nke kachasi ụgbọ-igwe niile.

Īgwé bụ elu-igwe. Ọbụkwa ihe-okike nke Onye-Okike nke ụwa na igwe. Igwe bụ ụlọ ndi ezi-omume; ọbụkwa ihe di n'elu.

Onye-okike kere ya, chọọkwa ya mma. Elu-igwe di obosara. Ọdikwa omimi n'ụzọ niile.

Ọdighi onye pụrụ imazu ihe niile di n'ime ya.

12. Akwa, akwa, akwa, akwa na akwa.

   a. Akwa-ndina.
   b. Akwa-mmiri
   c. Akwa ọkụkọ.
   d. Akwa-oyiyi
   e. Akwa nwata na-ebe.

NKỌWA NKE OKWU ISE NDIA:

a. Akwa-ndina bụ ebe mmadụ na-ararụ ụra.

b. Akwa-mmiri bụ ọlụ mmadụ lụrụ, dika okporo-ụzọ, ka owee site na ya gafee osimiri.

   Akwa-mmiri di iche iche. Ụfọdụ di mkpụ-mkpụ. Ndi ọzọ toro ogologo. Akwa-mmiri ụfọdụ di obosara karia ibe ha.

c. Akwa-okụkọ bụ ihe-oriri di ụtọ. N'ezie ọbụkwa n'ime ya ka nwa-ọkụkọ na-eto.

Mgbe nnekwu ọkụkọ yiri ọtụtụ akwa, ọmalite ikpugide ha. E, mgbe izu ole na ole gasiri, akwa ndi ahụ ụmụ-ọkụkọ esitekwa n'ime ha pụta. Ugbua, nnekwu ọkụkọ ahụ akpọrọ ha pụa n'ezi, ichọtara ha ihe ha ga-eri.

   Chọkọm chọkọm ka eji mara ezi nnekwu ọkụkọ.

n'oge ọna-akpara ụmụ ya ihe-oriri.

Ọbụrụ na egbe-na ebu ụmụ ọkụkọ amalite ife n'elu, nnekwu ọkụkọ ahụ ga-eti mkpu, nke ga-eme ka ụmụ ya niile zochaa onwe ha n'ebe di nzuzo. Ha na-ezere egbe ndụ, n'ihi na egbe na-ebu ụmụ-ọkụkọ, werekwa ha mee ihe oriri.

d. Akwa-oyiyi bụ uwe. Uwe di iche iche dikwan'obodo anyi. Ụfọdụ mara mma karia ibe ha. Ee, uwe mara mma bụkwa ihe di oke ọnụ-ahia.

e. Akwa nwata na-ebe na-eme ka anya-mmiri

gbaa ya. Ọbụrụ na agbisi agbaa otule nwata, n'ezie, nwata ahụ ga-amalite ibe akwa.

Ọgbụgba nke agbisi gbara ike-nwata na-afụ ụfụ nke ukwuu. Ọzọ, nwata etiri ụtari adighi arapụ ibe akwa.

AHA DI ICHE ICHE DIKA MKPỤRỤ-OKWU ANYI SI DI:

A. Agụ: Agụ di ike.

Agiri-isi (Ntụtụ): Agiri-isi na-eto eto n'isi mmadụ.

Atụrụ: Atụrụ bụ anụ-ụlọ. Ọdighi achọ esemokwu; kama, ọna-erube isi.

Anyanwụ: Anyanwụ di n'elu igwe. Ọna-enyekwa ihe ya n'ehihie.

Aka: Mmadụ ọbụla nwere aka abụọ. Ọbụkwa ha ka oji alụ ọlụ.

Akamo: Nkea bụ ihe-oriri. Akara ka eji añụ akamo n'oge ụtụtụ.

Akiri: Akiri bụ anụ na-ebi ndụ ya n'ala-akọrọ na n'ime mmiri. Anụ ya na-atọ ụtọ nke ukwuu.

Awọ: Awọ bụkwa anụ na-ebi ndụ ya dika akiri. Ọna-eti wo,wo, woo n'oge udu mmiri. Ụmụ-mmadụ adighi eri anụ ya.

Agbisi: Agbisi bụ arụrụ di nta; ma ọna-agba otule nwata n'ọdụrụ ala n'ime usekwu.

Agbisi jiri nji dika unyi. Ọna-atụkwa ọnụ ya n'ime ala bụ ebe ọna-ewere emee ebe obibi.

Akụ (Aki): Aki si n'ime mkpụrụ-akwụ, ma-ọbụ mkpụrụ-nkwụ. Ana ata ya ata. Mmanụ aki ka eji eme ncha.

Anụmanụ: Anụmanụ di iche iche di n'okpuru anyanwụ. Ụfọdụ bụ anụ-ụlọ; ma, ndi-ọzọ bụ anụ- ọhia.

Akwụkwọ: Akwụkwọ bụ ebe ndi mara ihe na-edote amamihe ha.

Agwọ: Nkea bụ anụmanụ Chineke kpọrọ asi, bụọkwa ya ọnụ. Site n'ọbụbụ ọnụ ya, agwọ enweghi aka, nke ọna-enwe ụkwụ. Ọbụkwa afọ ya ka oji eje- ije. Ikpọ-asi di n'etiti mmadụ na agwọ niile.

Akara: Akara bụ ihe-oriri di ụtọ. Ọbụ akidi agwọrọ agwọ na nnu, ose na ayọ ma-ọbụ alibasa ka eji eme ya. Mgbe agwọkọtara ihe ndia niile, oghe- akara akpụa ha dika ọkpụ-nri, tinyekwa ha n'otu n'otu n'ime mmanụ esinyere n'ite-ọkụ.

N'ime mmanụ ọkụ ahụ ka ha ga-agba fai fai tutu ha eghee nke ọma. Ugbua, ha niile abụrụzie ihe-oriri di-ụtọ.

Atañụ: Atañụ na-eti gba m, gba m, mgbe onye-nkuzi ji ya alụ ọlụ. Ọbụ atañụ ka onye-nkuzi ji eme ka ụmụ-akwụkwọ dere duu n'ime ụlọ-akwụkwọ ha.

Akpụkpọ-ụkwụ: Nkea bụ uwe-nke-ụkwụ. Ha di abụọ nye ụkwụ abụọ nke onye ọbụla.

Akpụkpọ-ụkwụ na-echedo ọbọ-ụkwụ mmadụ, meekwa ka ogwu na uke ghara imerụ ya ahụ.

Añụ: añụ na-agba mmadụ, na-enyekwa mmadụ onyinye ana-akpọ mmanụ-añụ.

B. Belekuku: Belekuku bụ nnụnụ, Ọdighi achọ esemokwu.

Onye-Okike were obi di nwayọọ kpunye ya dika uwe.

N'ihi nkea, ọchọghi nsogbu.

Belekuku na-ewere ụmụ-mmadụ dika ndi-enyi ya, ma, egbe na ugo bụ ndi-iro ya. Ọna-atụkwa ha egwu, n'ihi na ha kpọrọ ya asi, na-erikwa anụ ya. Ee, ọbụghi naani okoko-osisi na nnụnụ ụfọdụ ka Onye- okike kpụkwasiri ima mma dika uwe. Ee, ọbụghi mmadụ niile, bụ ndi yi akwa mara mma, nwere ezi akọ-na-uche.

Nezie, ezi akọ-na-uche bụ ima mma nke onye ekere n'oyiyi nke ihe-kachasi ihe niile elu.

Bolo m bolo m: Mgbe afunyere ihea ana-akpọ bolo m bolo m oyi, obilie, ngwa ngwa, buekwa ibu, dika nwanyi di ime. Ifugide ya, obue ibu karia nke oburu na mbụ, wee tiwaa, mperi-mpe, mperi-mpe. Ugbua, bolo m bolo m ahụ, bu nke ifunyere oyi, abakwaghi uru ọzọ.

C. Gbue: Igbu ihe bụ iwepụ ndụ ya.

Gbaa: Ezigbo di-nta were egbe ya gbagbue ele.

Gbaghara: Nkea bụ irapụ ụgwọ-ọlụ nke mmehie ndi-ọzọ mehiere gi.

D. Dibia: Dibia bụ onye na-agwọ ndi ọria.

Dike: Dike bụ nwoke ma-ọbụ nwanyi nke siri-ike karia ndi ọzọ.

Di-nta: N'ala-Igbo, ụmụ-nwanyi adighi achụ nta na mgbe ochie. Ọbụ naani ụmụ-nwoke na-achụ ya. Ichụ-nta bụ mmadu iwere egbe na mma, ụta na akụ ya, werekwa akpa nta ya, jee n'ime ọhia, ilụ-ọlụ diri ya. Mgbe ọhụrụ agụ ma-ọbụ ọdụm, ele ma-ọbụ anụmanụ ọzọ, owere egbe ya gbagbue anụ-ọhia ahụ.

E. Ele: Ele bụ anụmanụ na-ata ahihia. ọna-ebikwa ndụ ya n'ime ọhia. Ele di ka atụrụ. Ọdighi achọ esemokwu; ọzọ, ọdighi eri anụ ibe ya.

Ewu: anyi nwere nne ewu. Anyi nwekwara oke-ewu. Mkpi bụ oke-ewu. oji mpi ya abụọ alụ-ọgụ.

Mkpi na-atụ isi-ike karia. Ya mere, akwụkwọ-nsọ nyere ndi nnupu-isi niile, na ndi ajọọ-omume niile ọnọdụ dika ewu; ma ndi ezi-omume ka onyere ọnọdụ dika atụrụ.

Ebule: Ebule bụ oke-atụrụ. Ya na mkpi na-enwe esemokwu dika nwa-ologbo na nkita. Egwurugwu: Egwurugwu na-ehi na mbara igwe. Ọna-eme nkea mgbe mmiri-ozuzo na anyanwụ na-alụkọ ọlụ.

F. Fee: Ife Chineke ofufe bụ ọlụ di mma. ma, ikpere-arụsi bụ imebi iwu ya.

Fesa: Onye ọlụ-ubi na-efesa ihe-ọkụkụ ubi ya mmiri n'oge ọkọchi. Nkea na-eme ka ihe ọkụrụ n'ubi ya too nke ọma.

Fọ: Ifọ-akwa na-eme ka akwa afọrọ di ọcha.

Fụa: Ndi mmọ-ozi ga-afụ opi-ike ha n'ụbọchi ikpe-azụ.

G. Gi: Gi onwe gi bụ onye agọziri agọzi.

Gini: Gini bụ aha gi?

GH. Ghaa: Biko enyi m, ghaa mkpụrụ ọma.

Ghọọ: Onye-aghụghọ na-ala n'aghụghọ.

Ghue: Ghue ji nke ọma, riekwa ya.

H. Hapụ: Hapụ ha.

Hichaa: Hichaa anya mmiri n'anya gi.

I. Ije: Ije-ụwa nkea siri ike.

Ijere: Ijere di ike karia agụ, enyi na ọdụm. Agwọ na-enweghi uche na-eje ije n'ebe igwe-ijere na-ebu agha.

Inyinya-ibu: Inyinya-ibu na-eje ije n'ọzara. Ọna-eburu mmadụ na ibu-ahia ya jee ije toro ogologo.

Igbe: Igbe di iche iche di n'elu ụwa nkea. Ee, anyi nwere igbe-akwa, bụ ebe mmadụ na-etinye uwe na akwa ya niile.

Ọzọ, enwekwara igbe ana-akpọ igbe-ozu, bụ ebe ana-etinye onye nwụrụ anwụ tutuu elie ya.

Ikpere: Ikpere di n'etiti ụkwụ. Ọbụ ya ka mmadụ na-egbu n'ala, mgbe ọna-ariọ Chineke aririọ, site n'ekpere. Iko: Iko ka ndi na-añụ mmanya ji añụ mmanya.

Igodo: Ọbụ igodo ka eji agbachi ụzọ nke ụlọ.

Iwu: Iwu bụ ụkpụrụ nke eji achi ọgbakọ, ma-ọbụ obodo.

Ee, ọgbakọ, ma-ọbụ obodo nke na-enweghi iwu ọma na iwu siri ike ka esemokwu na ọgba-aghara na-enwe ezi-ọnọdụ n'ime ya n'ezie.

J. Jee: Jee ije n'okporo ụzọ.

Jụa: Were obi ume-ala jụa onye-nkuzi gi ajụjụ di mma.

K. Kụa: Kụa aka.

Kụara: Kụara onye-nkụzi gi aka ugboro asaa.

Kụọ: Ugbua, kụọranụ onwe unu aka.

L. Lụọ: Lụọ nwunye nke aka gi.

Laa: Ila n'iyi bụ ọlụ di nzuzu.

Lee: Lee anya n'elu.

M. Mbe: Mbe bụ anụmanụ di aghụghọ. Otua ka akụkọ-ife ndi-Igbo si hụ ya.

Mkpisi-akwụkwọ: Mkpisi-akwụkwọ ka ode-akwụkwọ ji alụ ọlụ diri ya.

Mkpisi-aka: Aka abụọ ka onye ọbụla nwere. Ọbụkwa mkpisi-aka iri di n'aka abụọ ndia. Aka na mkpisi-aka ka mmadụ ji alụ-ọlụ.

N. Nna: Nna bụ nwoke nke nwere ụmụ.

Nne: Nne bụ nwanyi nke nwere ụmụ.

Ñ. Ñụ: Iñụ mmiri bụ iwunye mmiri n'ime ọnụ, ka owe jee- ije site n'akpiri-olu, jerue n'ime afọ.

Ñụa: Ñụa ọñụ mgbe Chi gi gọziri gi.

Ñụria: Ñụria ọnụ n'ime onwe gi.

O. Osisi: Osisi na-eto eto. Ụfọdụ na-ebu ibu, tookwa etoo.

Okpokoro: Ndi-ọcha na-ewere ọtụtụ oche mara mma gbaa okpokoro ha gburu-gburu. Ha na-eme nkea n'ebe ndi bụ ọkaa-omee na-anọdụ ala, chee echiche banyere ọganiru nke ụlọ-akwụkwọ, ma-ọbụ ụlọ-nzukọ, ma-ọbụ ụlọ-ụka, ma-ọbụ ụlọ-ọlụ, ma-ọbụ ụlọ ndi-ọchichi ha.

Olulu: Anyi nwere olulu di iche iche n'okpuru anyanwụ. N'ala-Igbo, olulu abụọ pụtara ihe n'ezie. Ee, anyi nwere olulu-mmiri, anyi nwekwara olulu-aja. Ee, site n'olulu-aja ka ndi na-ewu ụlọ-akirika na- enweta aja-ụrọ,

Ọbụkwa aja-ụrọ ahụ ha zọpụtara ka ha na-ewere tụa na-ahụ nke ụlọ-akirika ahụ. Mgbe ọkpụrụ-kpụrụ aja ahụ niile kpọrọ nkụ, ahụ ụlọ ahụ esie ike nke ukwuu.

Olulu azụ di ọtụtụ n'ebe nnukwu-mmiri bara ụba. Olulu-azụ bụ ebe ndi ọkụ-azụ na-edote ụmụ azụ- ntakiri, ka ha wee too.

Ogwugwu: Ugwu na ogwugwu bụ nwanne. Mgbe mmadụ riri elu-ugwu, ike gwu ya, ọridata na ndagwurugwu ya. Ugwu bụ ogwugwu buru-ibu nke ukwuu, tookwa Ogologo. Ma ogwugwu bụ ugwu nta nke ukwuu.

Onye-ọcha: Onye ọcha ka ndi Igbo na-akpọ onye-bekee, ma-ọbụ onye-oyibo.

Omenala ndi-ọcha di iche site n'omenala ndi-ojiji. Ma, ndi-ọcha na ndi-ojiji ka Chineke kere n'oyiyi ya. Onye-ojiji: Ndi-ojiji di ọtụtụ n'obodo-ukwuu nke Afrika. ọnụ-ọgụgụ ha kariri nde naari asaa, n'ime mba Afrika niile.

Ọ. Ọla: Ọla ka mmadụ na-agba na-mkpisi-aka ya. Ọla ụfọdụ na-egosi nwoke na nwanyi nke nọ n'ọlụlụ di na nwunye.

Ọdum: Ọdum bụ anụ-ọhia siri ike karia, ya mere ana-akpọ ya eze ụmụ-anụmanụ.

Ọkụkọ: Ọkụkọ bụ nnụnụ. Nkpuka nke di n'usekwu nke nwanyi bụ ebe-obibi ya.

Ọta-arụrụ: Ọta-arụrụ bụ anụ-ọhia. ọna-ewere akika ma-ọbụ mkpu eme ihe-oriri.

P. Para: Nkea bụ iwere aka abụọ bulite ihe elu.

Pue: Nkpụrụ-osisi akụrụ n'ala ọma na-epu epu.

Pia: Ezigbo di-nta na-ewere ezi akọ-na-uche ya pia akụ nke ụta ya.

Kp.Kpakpando: Ọnwa na kpakpando na-enye ihe n'abali n'oge ọkọchi.

Kpalakuku: Nkea bụ aha ọzọ nke ana-akpọ belekuku.

KP. Kpọọ: Kpọọ ụmụ gi ka ha bia.

Kpụa: Kpụa nzụ.

R. Riọ: Were obi di nwayọọ riọ ya aririọ.

Rọpụta: Rọpụtara ezi na ụlọ gi Chi nke unu ga-efe ofufe.

Rigoro: Agwọ nke na-agba ọsọ-ndụ ya mere ọsọ-ọsọ rigoro n'elu osisi.

Rapụ: Ezigbo enyi m, biko rapụ ụzọ nke ndi na-emebi iwu.

Rara: Onye-iro nke Ọkpara Chineke rara ya nye n'aka ọnwụ.

S. Saa: Saa aka gi tutu irie ihe-oriri.

Sie: Nwanyi mara ihe na-esiri di ya ofe di ụtọ.

Sụa: Sụa asụsụ-Igbo nke ọma.

See: Ise-okwu bụ ọlụ di njọ.

Sugbue: Ndi na-eme ọlụlụ di-na-nwunye, n'ala-Igbo, ji ego asụgbu mmanya, dika omenala Igbo si di.

SH.Shi: Nwa-agbọghọbia mụrụ ka esi (esị) eshi nri n'ụlọ nne na nna ya.

Shiri m: Ezi nwunyem shiri mụ (siri m) ihe-oriri.

Shị: Ajọọ mmadụ ahụ na-agwọ nshi (nshị).

Shu: 'Shu, shu' bụ okwu mmadụ na-ekwu mgbe ọna-achụpụ ọkụkọ.

Shie: Ọsụ-ụtara eshiela (esiela) nri.

Shiri: Ụsụ kpuru-ishi shiri anya ya abụọ n'ite ofe ndi-mmọọ.

Shi: Ejighi anụ-udele eshi ofe.

Shị: Ishị (isị) enwe adighi mma n'ofe.

Shirụọ: Ada-eze shiri ofe-awọ eshirụọla mbuli-elu ya.

Shiri: Ejighi awọ eshiri onye-eze ofe ma-ọli.

T. Taa: Onye na-eri ihe-oriri burụ ụzọ taa anụ ahụ nke di n'ime ofe ya, tutu oloo anụ ahụ nke ọtara ata.

Tara: Onye-ori ka nkita tara n'ime ọgba-nkita.

Tie: Onye-nkuzi tiri nwata ụtari, ee, nwata ahụ wee tie mkpu, kwa-kwa akwa.

Tụa: Itụ-izu bụ ọlụ ndi nwere ezi akọ-na-uche na-alụ, tutu ha amalite ilụ ọlụ diri ha.

U. Uwe: Uwe bụ akwa-mgbochi. Ọbụ ya ka mmadụ ji egbochi ọtọ ya.

Ugo: Ugo bụ anụ-ufe ebuliri elu karia anụ-ufe niile.

Ụ. Ụlọ: Ụlọ bụ ebe-obibi.

Ụlọ-ọgwụ: Ụlọ-ọgwụ bụ ebe ana-agwọ ndi-ọria.

Ụkwụ: Ụkwụ -abụọ ka mmadụ ji eje ije.

Okwu ndi ọzọ bụ: ube, ụmụ-akwụkwọ, ugwu, ụlọ-ụka, udele, ụzọ, ụgbọ-elu na ụgbọ-mmiri.

V. Voo: Dinta were mma ya voo anụ ọgbagburu n'ichụ-nta.

Vuru: Enyi m, biko vuru obe nke aka gi.

W. Wue: Wue ụlọ nke gi.

Waa: Waa anya nke ọma; ekwela ka ndi-aghụghọ ghọgbue gi.

Y. Yiri: Yiri uwe ma-ọbụ akwa mara mma, mgbe ina-eje n'ụlọ ụka.

Yie: Nnekwu ọkụkọ eyiela akwa.

Z. Zaa: Were aziza zaa mbara-ezi.

Zụ: Ọkụkọ ji chọkọm chọkọm azụ ụmụ ya.

Zụ: Ahia onye mara azụ ka ọmara anya ya.

Zue: Oke zue ọha na eze, ọnụ-ọchi abụrụ nke mmadụ niile.

CH. Chia: Chia ọchi.

Chee: Chee ezi echiche.

Choọ: Chọpụta akara aka gi.

Chụpụ: Chụpụ nkita ọhia.

GW. Gwa: Gwa m ezi-okwu.

Gwe: Gwe anwụrụ (ụtaba) nke ọma.

Gwuru: Onye-ubi gwuru ji di n'ubi ya.

KW. Kwa: Ọkwa-iko na-akwa onwe ya emo.

Kwee: kwee ka ezi-omume nwee ezi-ọnọdụ n'ime ndụ gi.

NW. Nwa: Nwa-ntakiri ahụ nwere ezi akọ na-uche.

Nwo: Ezigbo nwoke adighi arapụ ilụ ezi-ọlụ diri ya.

Nwe: Onye nwe akụ-ụlọ, nweekwa ụmụ akụ-ụlọ ya.

NY. Nya: Inya ụgbọ-ala bụ ọlụ di mma.

Nye: Nye Chineke otito n'ụbọchi niile nke ndụ gi.

Nyụrụ: Nkita rachaa nsi nke nwata nyụrụ, eze eree ewu tara naani ahihia egbutara n'ime ọhia.

ABỤ MA-ỌBỤ UKWE.

ANYI AGBASAWO.

Onye-isi

Ukwe: Anyi agbasawo akwụkwọ.

Anyi agbasawo akwụkwọ.

Ekele diri Onye-nkuzi, kuziri anyi akwụkwọ.

Ekele diri Onye-nkuzi kuziri anyi akwụkwọ.

Mmadụ

niile: Anyi agbasawo akwụkwọ.

    Anyi agbasawo akwụkwọ.

    Ekele diri Onye-nkuzi kuziri anyi akwụkwọ.

    Ekele diri Onye-nkuzi kuziri anyi akwụkwọ.

AKWỤKWỌ NA-ATỌ ỤTỌ.

Akwụkwọ na-atọ ụtọ.
Ọna ara-ahụ na-mmụta.
Onye nwere ntachi-obi,
Ọga amụta akwụkwọ.
Ma-ọbụrụ na nne ya na nna ya nwere ego.
Ma-ọbụrụ na nne ya na nna ya nwere ego.
Thank you papa, my brother ran away.
Thank you mama, my sister ran away.
Oh ya ya; oh ya ya oh.

Onye-isi

Ukwe: Oh ya ya ya.

Mmadụ

Niile: Oh ya ya; oh ya ya oh.

Onye-isi

Ukwe: Oh ya ya ya.

Mmadụ

niile: Oh ya ya; oh ya ya oh.

SỤA ASỤSỤ ANYI:

Asụsụ-Igbo bara ụba. Onye pụrụ ịsụzụ okwu niile di n'ime ya? Ikwu okwu na-eme ka mmadụ ghọta ihe di n'ime akpa-uche ndi-ọzọ.

Imụta asụsụ di nfe, ma-ọbụrụ na mmadụ amụa asụsụ ahụ n'oge ọdi na nwata. Mgbe omere okenye, ma-ọbụ agadi, ọna-ara ahụ imụ asụsụ ọhụrụ.

Ka anyi tulee ogologo-okwu ole na ole ndia. Ọzọ, ka anyi lezie ha anya nke ọma. N'ezie, ka anyi nyochaa ha nke ọma.

Nke kachasi, ka anyi chọpụta, n'otu n'otu, ma ha bụ ogologo-okwu zuru oke, ma-ọbụ na ha ezughi ma-ọli.

1. Abụ m.
2. Abụ m onye-ije.
3. Abụ m ode-akwụkwọ.
4. Abụ m onye-nkuzi na-akuzi asụsụ-Igbo.
5. Igụ-akwụkwọ na-atọm ụtọ.
6. Imụ-akwụkwọ bụ ụzọ-amamihe m.
7. Ọlụ-ọma bụ ọchichọm n'oge niile.

TULEE AJỤJỤ NDIA:

1. Gini bụ aha gi?

2. Onye ka ibụ?

3. Ebee ka ina-eje?

4. Gini bụ ọlụ-aka gi?

5. Ọbụ gini ka ina-achọ?

6. Gini ka ina-eche ugbua?

7. Ọbụ gini bụ olile-anya gi?

Asụsụ-Igbo nwere ụdi n'egosi ima mma ya. Ugbua, ka anyi lebara ụfọdụ n'ime ha anya:

1. Ima mma nke nwanyi bụ ọlụ ọma ya.

2. Onye na-enweghi uche na-echegbu onwe ya n'oge niile.

3. Ogbu-opi adighi echefu na izi-imi bụkwa ọlụ diri ya.

4. Ojere-mba gbajie ụkwụ-na-aka ya, ụkwụ ya atọ n'obodo ojere ije.

5. Ọfọ-na-ogu bụ ide-na-ntọ-ala nke onye aka ya di ọcha.

6. Nwa-ntakiri saa aka ya nke ọma, Ọgaranya akpọ ya ka ha abụọ rikọọ nri site n'otu efere.

7. Onye na-enweghi ohu, bụ ezigbo ohu nke aka ya.

N'oge ụfọdụ, ogologo okwu zuru-oke di mgbagwoju-anya, dika okwu ndi bụ okwu ntabi-ire:

1. Onye na-aracha ofe di ọkụ nwere ihe ọna-ara.

2. Otito toro nwoke n'akpa-amụ achọghi otito ya ma-ọli.

3. Ajọọ nwanyi sie ajọọ-ofe, afọ asaa di ya, werere, werere.

4. Chi jiri-eji na Chi bọrọ-abọ bụ di-na-nwunye, bụrụkwa ezigbo enyi na ezigbo nwa-nne.

5. Onye na-ata akụ na ụkpa di n'ubi ya na-akpa ike, na-atapiakwa akụ na ụba ya.

6. Oji-ọsọ eje ọgụ amaghi na ọgụ bụ onwụ. Ọzọ, Maazi Ike Ọnwụekwe jiri ọsọ jee ọgụ, n'ihi na Maazi Oji Ọnwụkwere amaghi na ọnwụ na ọgụ bụ nwanne.

7. Mgbe ekwe na ukwe na-aluko olu, ndi na-agba mgba amalite igba-egwu.

8. Onye iko ya na-agba njokoro nkwa ka oko-iku na-ako n'ogbako ndi na-agba egwu.

9. Ikuku kue otule nnekwu nnunnu, ee, oha-na-eze ahu na otule ya rere ure karia abu rere ure.

10. Aku were nku ya feechaa n'elu, dika ahuhu-na-efe-ufe, mgbe ike gwuru ya, odaa n'ala dika ihe-oriri enyere okuko na umu ya.

11. Nwunye di-nta were oku-oku choo anu kporo-nku n'uko-elu, mgbe obi dajuru ya, owere naani obi di nwayoo nwayoo chota anu ahu kporo-nku n'uko-ala.

12. Okpu-eze di n'isi-eze, bu Onye-eze kwesiri ka oburu eze, di n'ebe okwesiri ka odiri. 13. Nkapi bu dibia na-agwo ogwu ri-nne; ma, omaghi ogwu oga-eji gwoo ogologo onu ya na-esi nnukwu isi karia nke ozu rere ure.

14. Nwa-agbogho na-agba akwukwo, na-agba-mbo igbakuru di na-alu ya. 15. Onye ozo-di-mgba gburu n'okporo uzo, gburu onwe ya.

16. Aguu gua agu na umu ya mgbe umu-

anụmanụ jupụtara n'ime ọhia, amara n'ezie na egbe di-nta gbara ya n'ụkwụ gbara ya ose n'anya ya abụọ.

17. Ube nwata-nwoke jiri gbatue ube jiri-eji, site n'osisi ube, bụ ube agadi-nwoke piara ya.

18. Ọkụ na-erecha ọkụụ, na-ere ya ka ọkụụ ahụ gbasie ike.

19. Ọgba-egbe na-agbafu mgbọ egbe ya, na-agbafu akụ-na-ụba ya

20. Ee, Ndi-Ngwa na-ekwu si: Njọkọrọ ọtụ adighi ka ọnụ-nsi. Ee, ọdi-adi adighi-adi adighi ka ọdi-adi ataghi-eze.

21. Nkita di-ike mee agadi, onye-ngwọrọ na-ezu ori akwawa ya emo, jụọkwa ya si: ebe ka ụkwụ-ọsọ gi di?

22. Ọbụrụ na isi ebule esighi-ike, isi nwa-mkpi asọrọ ya sọkasia ọgba ụmụ atrụrụ.

IHE ESERE ESE:

1. Añụ.

2. Ehi.

3. Osisi.

4. Ọta-arụrụ.

5. Ugo.

6. Mmadụ

7. Ụlọ di iche iche.

8. Oche.

9. Mbekwụ.

10. Ụgbọ-elu.

11. Ụgbọ-mmiri.

12. Onye-agha.

13. Onye-ọchichi.

14. Ụlọ-akwụkwọ.

15. Agụ-iyi.

16. Enyi.

17. Ọdụm.

18. Belekuku.

19. Agụ.

20. Udele.

21. Nduri.

22. Nwa-ologbo.

23. Ọkụkọ.

24. Ọma-ahia.

25. Ogbu-nkwụ.

26. Di-ochi.

27. Ode-akwụkwọ.

28. Dibia.

29. Mmiri ozuzo.

30. Egwurugwu.

31. Mkpara.

32. Ndi na-eti ọkpọ.

33. Ndi na-agba mgba.

34. Onye na-ararụ ụra.

35. Ọji na ose-ọji.

36. Akwụkwọ.

37. Mkpisi-akwụkwọ.

38. Inyinya-ibu.

39. Nsikọ.

40. Ụkpaka.

41. Ajụ-udu.

AŇỤ:

Añụ bụ ahụhụ di ntakiri. Ọna-efe ufe dika nnụnụ. Añụ na-alụ ọlụ diri ya dika igwe-ndi agha.

Nezie, igwe-añụ na-ewu ebe-obibi ha n'ime okpokoro nke osisi buru ibu. Ọbụkwa n'ebe obibi ha ka ha na-alụ ọlụ, inyụpụta mmanụ añụ.

Ee, mmanụ añụ na-atọ ụtọ nke ukwuu. N'ezie, onye na-achọ iwere ya dika ihe-ubi, ga-enwe njikere, n'ihi ọgbụgba nke igwe-añụ.

Igwe-añụ adighi ewere mmanụ añụ ha eme ihe mgwuri-egwu; n'ihi na ha ghọtara nke ọma na mmanụ añụ ha bụ ihe di oke-ọnụ-ahia. N'ihi nkea, ha na-ewere ndụ ha chụa aja, ichedo ya, ka ndi-iro gharakwa inapụ ha mmanụ añụ ahụ, bụ nke ha were oge-nke-ndụ ha lụa-ọlụ ya.

EHI:

Ehi bụ anụmanụ buru ibu ri-nne. N'ezie, ọna-atakwa ahihia.

Ehi buru ibu karia ọdụm; ma, ọdụm na-egbu ya, werekwa anụ-ehi ogburu mee ihe-oriri.

Ehi niile na-ata ahihia dika ewu na atụrụ. Ọtụtụ ehi na-akpa nri dika igwe-ewu ma-ọbụ igwe-atụrụ nke onye ọzụzụ atụrụ na-eduru; jee ije n'ebe ahihia-ndụ toro-eto, dikwa ọtụtụ.

Ee, ha na-ata ahihia-ndụ ahụ, ha ana-eti mkpu: "muu, muu"

Ndi na-ere anụ na-egota ehi buru ibu, gbuekwa ya. Ee, mgbe ha gburu ehi ahụ, ha ere anụ ya n'ahia.

OSISI:

Osisi di iche iche di n'ime ọhia. Ọtụtụ n'ime ha bara uru nke ukwuu. Anyi nwere osisi ana-akpọ ọji. N'ezie, osisi ahụ bara uru, n'ihi na mkpụrụ ya ka-eji anabata onye-ọbia nke ọma.

Ụgba bụ mkpụrụ-osisi ana-ebi ebi dika ụkazi. Ewere akanwụ na mmanụ gwechaa ya, ewere ya mee ọtụtụ mmadụ ọji.

Ọọji bụ osisi di iche site n'osisi na-amipụta mkpụrụ-osisi ana-akpọ ọji. Ọọji na-eto ogologo, buekwa ibu karia.

Osisi ana-akpọ ụdara mara mma nke ukwuu. Mgbe ike-ụdara chara, ụmụ-ntakiri na-aga n'ukwu-osisi ụdara ahụ, ka ha tụtụrụ ike-ụdara niile, bụ ndi dara n'ala.

N'ezie, ike-ụdara chara acha na-atọ ụtọ. Nkpụrụ ya niile ka ụmụ-ntakiri na-etufu etufu, n'oge ha na-aracha ike-ụdara niile chara acha, bụ nke ha niile tụtụtara, gburu-gburu nke ukwu-osisi ụdara ahụ.

Okoko-osisi mara mma. Ha nwere ụdi di iche iche, dikwa ụtọ ile-anya. N'ezie, okoko-osisi niile na-akpọku ụmụ-nnụnụ, na igwe-añụ, na ọtụtụ ururu-buba, ka ha biarue osisi ahụ nso.

Ọbụkwa ọkpụkpọ-ọkụ ahụ ka okoko osisi ahụ niile na-ezigara ikuku. Mgbe ikuku na ihe ndia na-efe efe biaruru, ihe di iche na-eme n'etiti ha na okoko ahụ niile.

Ọgbụgba-ndụ ha na-adi ka mnwekọ nke nwoke na nwunye ya, tutu nwanyi ahụ atụrụ ime. Ike-osisi bụ ihe okoko-osisi ahụ na-amịpụta dika mkpụrụ. Ee, nkea na-eme mgbe ihe ndia na-efe efe na okoko-osisi ahụ nwesiri ọgbụgba-ndụ ha.

Akwụkwọ-osisi bara uru. Ụfọdụ n'ime ha ka ụmụ-nwanyi ji esi ofe di ụtọ. Ee, ụha na olugbu di mma nke ukwuu. N'ezie, ofe-ụha na ofe-olugbu na-atọ ụtọ, tọruekwa mmadụ n'ụmi-ọkpụkpọ ya.

Mgbọrọgwụ-osisi na-eto eto n'ime ala. Ụfọdụ n'ime ha ka ndi-dibia ji agwọ ndi-ọria.

N'ezie, ji na ede na ji-apụ na-eto n'ime ala. Ha niile bụkwa ihe-oriri. Ee, ha niile na-eto n'ime ala mgbe ndi ọlụ-ubi kọsiri ha n'ubi ha.

Mgbe oge owuwu-ihe-ubi ruru, ndi ọlụ-ubi ahụ na-agakwa n'ubi ha, ka ha gwupụta ihe-ọkụkụ-nke-ubi ha. Ndi kọrọ ji na ede na akpụ ha n'ala di mma, na-enwe oke-añụri n'oge owuwu-ihe-ubi.

Ee, ha na-eji ọñụ webata ihe-owuwe nke ubi ha, n'ihi na ala-ọma ahụ mere ka ihe niile ha kụrụ n'ubi mụụbaa.

ỌTA-ARỤRỤ:

Dika aha ya si di, otua ka anụmanụ nkea na-alụ ọlụ diri ya. Ọta-arụrụ buru ibu dika anụ-ụlọ ana-akpọ nwa-ologbo. Oburu ibu karia anụ-ọhia ana-akpọ ewi.

N'ezie, ewi na-atụ ọnụ ya n'ime ala. Ọbụkwa n'ime ala ahụ ka oji-eme ebe-obibi ya.

Ọta-arụrụ nwere ọnụ toro ogologo karia nke anụ-ọhia ana-akpọ nkapi. Nkapi nwere ọnụ na-esi isi nke ukwuu. Nkea mere na ndi-Igbo na-ekwu, n'oge ha na-atụ ilu, si:

"Nkapi bụ ezigbo dibia; ma, ọmaghi ezigbo ọgwụ ọga-eji gwọọ ọnụ ya nke na-esi isi karia isi nke ozu".

Ee, ọta-arụrụ nwekwara ọdụdụ toro ogologo. Ire ya toro ogologo karia ire nke agwọ. Ee, ire ya ka oji achụ-nta ihe-oriri, dika akiri na awọ jikwa ire ha achụ-nta nke ha,

Ọbụkwa ogologo ọnụ ya, na ire ya di ogologo, ka ọta-arụrụ ji alụ-ọlụ diri ya, dika ọchụ-nta. Ọzụrụ bụ ụlọ-akika. Ha wuru ya dika ụlọ-elu.

Ọbụ ezie na ọzụrụ-akika bụ ụlọ nke ọtụtụ akika wusiri-ike, mgbe ọta-arụrụ rutere n'ụlọ ha, nsogbu na ihe-di-egwu amalite, dika oke-ebili mmiri.

Ee, arụrụ di iche iche di n'ime ọhia. Ndi ọzọ were ụlọ ụmụ-mmadụ mee ebe-obibi ha. Ọchicha na agbisi na-enye nsogbu. Apụ na akụ-mbe na-ewere osisi ejiri wue ụlọ eme ihe-oriri. Arụrụ niile bi n'ime ọhia, na ndi were ụlọ-mmadụ mee ebe-obibi ha, na-atụ ọta-arụrụ niile egwu. Ụmụ-arụrụ ndia niile na-ezere ọta-arụrụ niile ndụ, n'ihi na ọta-arụrụ niile na-ewere ha niile eme ihe-oriri.

ỤGO:

Ugo bụ nnụnụ. Anụ-ufe ka ugo bụ. Abụba mara mma jupụtara na-arụ ya niile.

Mgbe ugo na-efe ufe na-mbara-igwe ka abụba ya niile na-egosi ima-mma ya. Ugo bụ eze ụmụ-nnụnụ niile. Ee, ọdi ike, nweekwa ume, karia ụmụ-nnụnụ ndi ọzọ.

Ugo bụ anụ-ufe mara mma nke ukwuu. Mbọ ya ka oji achụ nta. Anya ya ka oji ahụ ụzọ. Ọbụ nku ya abụa ka oji efe ufe.

Ugo na-ewu akwụ ya n'abaka osisi nke tokarisIri osisi ndi ọzọ n'oke ọhia. Ọbụkwa n'abaka-osisi ahụ nke di elu, karia abaka ya niile, ka ọna-ewu akwụ, ma-ọbụ ebe-obibi ya.

Site n'abaka ahụ, nke kachasi idi-elu, ka ugo ahụ na-elepụ anya ya, gburu gburu. Ọbụkwa site na-nlepụ anya di otua ka ọna-achụ nta ya, dika eze anụ-ufe niile.

MMADỤ:

Mmadụ bụ ihe ekere-eke n'Oyiyi nke Ihe-nke-kachasi ihe niile elu. Chineke kere mmadụ. Ezigbo mmadụ ahụ bụ otu n'ime ihe niile nke Chineke kere.

N'obodo ndi-ọcha, ụfọdụ n'ime ndi mụrụ akwụkwọ ri-nne kwenyere na "Mmadụ bụ anụmanụ". Nkwenye di otua emewo ka ụfọdụ n'ime ha bilie, deekwa akwụkwọ nke kwutọrọ Chineke dika 'Onye- Okike nke mmadụ'.

Ajọọ-nkwenye di otua emewo ka ha deekwa akwụkwọ na mmadụ bụ naani anụ-ọhia nke si n'ọzọ- dimgba miputa. Ha emewo ka akọ-na-uche ndia rụrụ arụ nwee ezi-ọnọdụ n'ebe ụlọ-akwụkwọ ha di iche iche di.

Gi onwe gi ghọtara, kpọm-kwe m, na nkwenye di otua bụ naani okwu-ụgha. Ya mere, mmadụ di mkpa.

Mpakara di iche iche zuru-oke n'arụ mmadụ. Ha niile bara uru nye mmadụ, n'oge niile.

N'ime okpokoro-isi mmadụ ka ụbụrụ ya di. Ọbụkwa n'ime ezigbo ụbụrụ mmadụ ahụ ka tin-nti mbọri-mbọ niile nke akọ-na-uche ya jupụtara.

Isi ya bụ ebe-obibi nke agiri-isi ya. Agiri-isi nke nwanyi bụ okpu-eze nke Chi ya jiri chọọ ya mma. Ntụtụ nwanyi bụ onyinye-chi, nye nwoke na-alụ ya.

N'ezie, isi-ebule na isi-mkpi ka ha ji alụ-ọgụ. Ma, mmadụ ji isi ya ebu ibu.

Anya mmadụ di mkpa, n'ezie. Ọbụ ha ka mmadụ ji ahụ ụzọ, n'oge niile. Ndi niile kpuru-isi na-enwe mwute n'obi, n'ihi na anapụrụ ha ihe-ahụ di oke-mkpa n'ime ndụ mmadụ niile.

Imi gi ka iji eku ume-ndụ. Naani ndi nwụrụ anwụ ka iku-ume-ndụ ha kwọpụrụ ụgbọ. Nti mmadụ na nti anụmanụ ka ha ji anụ ihe. Nti anụ-ufe ma-ọbụ nti- nnụnụ na-alụ ọlụ ha karia.

Ugo na egbe nwere anya di egwu. Ya mere, ha na-ahụ ihe-oriri ha site n'ebe di anya.

Nwa-ologbo na-ahụ ụzọ nke-ọma n'etiti abali. Ọbụkwa n'oge ọchichiri gbachiri n'ebe niile ka nwa-ologbo na-eje ichụ-nta.

Imi na anya udele na-alụ ọlụ di egwu. N'ezie, imi udele na-anụ isi-ozu site n'ebe di anya. Ọbụkwa imi ya ga-eduru ya jee ime-nchọpụta n'ebe ọbụla ihe nwụrụ anwụ di. Ee, imi na anya udele na-alụkọ ọlụ, n'oge niile.

Aka mmadụ ka oji alụ ọlụ diri ya. Ọbụkwa aka ya abụọ ka oji alụpụta akụ-na-ụba nye onwe ya. Ee, onye ọbụla nke na-afanye aka ya abụọ n'etiti ụkwụ ya abụọ bụ onye-ume-ngwụ.

Ee, nwa-ntinti oge ka ọfọdụrụ, ka nnukwu ibụ-ogbonye, zokwasi mmadụ di otua, dika nnukwu mmiri-ozizo. Naani n'oge mgberede ka ibụ-ogbonye, ga-abiakute ya, dika onye-ori, n'etiti abali.

N'ime eriri-afọ ka ihe-oriri na-alụ ọlụ diri ya. Ọbụkwa n'ime eriri-afọ ahụ ka ihe-oriri na-ewepụta idi-ike na igba-ume nye mmadụ, ma-ọbụ anụ-ufe, ma-ọbụ anụ-ụlọ ma-ọbụ anụ-ọhia, ma-ọbụ azụ nke oke-osimiri.

Ụkwụ gi abụọ ka iji agba-ọsọ. Ọbụkwa ha ka iji eje-ije. Ndi na-ari-elu ugwu adighi arapụ iwere ụkwụ ha na aka ha lụa ọlụ.

Ee, ụmụ-nnụnụ na ụmụ-anụmanụ jikwa ụkwụ ha eje-ije. Nku ụmụ-nnụnụ ka ha ji efe ufe.

Di-nta ji mkpisi-aka ya agba egbe. Ọbụkwa aka abụọ na mkpisi-aka ka onye-ọgụ ji ebu agha, n'ọgbọ- agha.

ỤLỌ N'OBODO ANYI

Gini bụ ụlọ? Ụlọ bụ ebe-obibi.

ỤLỌ NDI NWE-OBODO N'OBODO NDI-ỌCHA.

Ụlọ ndia niile bụ ụlọ ndi-nwe-obodo n'obodo ndi-ọcha. Ana-akpọ ụlọ ha "tii-pii", dika asụsụ ha si di. Ọbụ ezie na-asụsụ ha anwụwo, ma ndi nwe-ala n'obodo ndi-ọcha fọdụrụ mmadụ ole na ole. Ọtụtụ n'ime ha ka ndi-ọcha gburu, n'apụkwa ha ala ha.

Ụlọ ndia akwapụwo ụgbọ, n'ihi na ha niile bụ ụlọ ndi-agba-ochie. Ndi-ọcha achọghi ha ma-ọli.

ỤLỌ ANYI MARA MMA:

Lee ka ụlọ nkea si di ụtọ, niile anya. Ụlọ mara mma ka ụlọ nkea bụ. Ewuru ya n'ime mba-ukwu nke ana-akpọ Aba, bu nke di n'ala, Igbo. Mu onwem bu Ode-akwukwọ Maazi Abakwue wuru ya.

Ọtụtụ ụlọ ndi-ọzọ mara mma jupụtara n'isi-ala anyi ana-akpọ Enu-ugwu.

OCHE:

Oche bụ otu n'ime ihe di iche iche nke ndi ọlụ-aka na-akpụpụta. Ọbụkwa n'elu ya ka ndi mmadụ na-anọdụ ala. Ee, oche-ukwu na oche nta, na oche mara mma, bụkwa ụfọdụ n'ime ọlụ-aka ha.

Nezie, oche ụfọdụ ka ha ji ụrọ-na-igwe kpụa. Ụfọdụ ka ha ji osisi mara mma lụpụta.

N'obodo anyi, ndi-Ibibi na-ewere iguu na aziza lụpụta ọlụ-aka di iche iche. Ee, ha na-alụpụta nkata; lụpụta oche; n'ezie, ha na-alụpụta okpokoro di iche iche; ee, ha na-alụpụta akụpe. Ụfọdụ n'ime okpokoro ha lụpụtara bụ ebe ezi-na-ụlọ na-anọdụ ala gburu- gburu, n'oge ihe-oriri.

Ee, ndi-Efik na-ewerekwa aziza nke si na nkwu na ngwọ lụpụta igbe mara mma nke ukwuu.

MBE:

Mbekwu buru ibu.

Mbekwu di ntakiri.

MBE:

Mbe bụ eze-aghụghọ. Akụkọ-ife di iche iche juputara n'ala Igbo banyere aghụghọ mbekwụ.

Mbekwu ga-abụ enyi gi, naani mgbe ọna-aghọgbu gi. Mbe bụ ezi-enyi gi, naani mgbe omegburu gi. Mbekwụ bụ enyi-ọma gi, naani mgbe ọghọgburu gi, werekwa ntụkwasi-obi inwere n'ebe ọnọ mee ihe-efu.

Ee, Mbe ga-akpọ gi asi, werekwa gi dika onye-iro ya, naani mgbe ọghọtara na ichọpụtawo aghụghọ ya.

N'ezie, Mbekwụ, eze-aghụghọ, ga-ekwutọ gi, naani mgbe ijụrụ ya, gbakutekwa ya azụ,, n'ihi na ichọghi ka ọghọgbue gi ma-ọli.

ỤGBỌ-ELU:

Ụgbọ-elu di iche iche jupụtara n'elu ụwa. Ụfọdụ ka eji eje-ije, tụmadụ, n'ebe tere aka. Ụfọdụ ka ndi-agha ji eje agha, tụmadụ, agha siri-ike nke ikwafu ọbara na oke-mmebi jupụtara n'ime ya.

Obodo ndi siri-ike, baakwa ụba ri nne, na-akpụpụta ụgbọ-elu nke aka ha. Ee, ha na-etinye egbe di iche iche, na ogbu-na-igwe di iche iche, n'ime ụgbọ-elu nke eji-eje agha.

Ibu-agha na-eme ka ikwafu ọbara zokwasi ụmụ-mmadụ, dika nnukwu mmiri ozuzo, n'oge udu-mmiri. Ee, n'oge di otua ka ụmụ-mmadụ na ụmụ-anụmanụ na ụmụ-nnụnụ na-ata ahụhụ karisia. Ee, agha di njọ, n'ihi na ọlụ ya niile jọrọ njọ.

Mgbọ-egbe na ikpa-ike nke ngwa-agha ana-akpọ ogbu-na-igwe, na-emebi ọtụtụ ihe, n'oge ana-ebu agha. Dika ihe ima-atụ; mgbọ-egbe ka ndi-agha ji agbagbu mmadụ ibe ha. Ee, ha na-enweta nnukwu akara-ugo na mbuli-elu mgbe ha lụsiri ọlụ ikwafu ọbara n'ogbọ agha.

Ụgbọ-elu eji eje ije mara mma nke ukwuu, n'ihi na ọna-eme ka ije ije di nfe. N'ime ụgbọ-elu di otua ka etinyere ihe di iche iche, bụ nke na-eme ka ndụ mmadụ di ụtọ. N'ezie, oche mara mma nke ukwuu jupụtara n'ime ya.

Igwe ntụ-oyi na igwe na-akpọ ụbọ, ka ejiri choọkwa ya mma. Ndi na-anya-ụgbọ ahụ na-efe n'elu ka enyekwara ezi ọzụzụ banyere ọlụ ha.

Enwekwara ndi ọlụ ha bụ ilekọta ndi-ije anya nke ọma. Kwa mgbe ka ha na-enye ndi-ije ihe-oriri na ihe-ọñụñụ.

Ọzọ, kwa mgbe ka ndi-nlekọta ahụ na-emekwa ka ndi-ije mara ka ije ha si na-aga.

Ndi-nlekọta na ndi na-anya-ụgbọ na-efe efe na-alụkọ ọlụ. Ee, ha niile na-alụ ọlụ ha di iche iche, ime ka ndi-ije nwee obi añụri, n'ije ha niile.

ỤGBỌ-MMIRI:

Ije-ije n'ime mmiri bụ ihe eji ụgbọ-mmiri eme. Ndi na-ere ahia na-eburu ibu ha buru ibu, tinye ha n'ime ụgbọ.

Ụgbọ-mmiri ga-eburu ha na ngwo-ngwo ha niile, site n'otu obodo, rue n'obodo ọzọ. Ije-ije n'ime oke-osimiri bụ ihe amaghi-ama ma-ọbụ ihe-mgberede di egwu jupụtara n'ime ya.

Mgbe ụfọdụ, oke-ebili-mmiri na-eme ka ụgbọ-mmiri kpue n'etiti oke-osimiri. Ndụ ọtụtụ mmadụ na ibu-ahia ha di iche iche ka ebili-mmiri ahụ na-ewere mee ihe-oriri ya, n'oge oke-ebili-mmiri ahụ na-alụ ajọọ-ọlụ ya.

Obodo anyi nwere ụgbọ mmiri di iche iche. Ee, ụfọdụ n'ime ha na-eburu mmanụ anyi jee obodo ndi-ọcha, ka eree ya. Site n'orire mmanụ ahụ ka obodo anyi na-enweta ego ri nne.

Dika ụgbọ-elu, ụgbọ-mmiri ụfọdụ ka ndi-agha ji ebu agha. Ee, mgbe obodo abụọ ma-ọbụ atọ na anọ na-ebuso onwe ha agha, ha na-ewere ihe niile ha jiri di-ike buso ndi-iro ha agha. N'ogea ka ụmụ-mmadụ na-ata ahụhụ, riekwa uju nke ukwuu.

Ibu-agha di njọ, n'ihi na ikwafu ọbara bara ụba n'Ime ya. N'ezie, udo n'etiti ụmụ-mmadụ di mma karia ibu-agha.

ONYE-AGHA:

Ibu-agha bụ ọlụ nke-agha. Agha di njọ, Agha bụ ọnwụ.

Onye-ọgụ bụ onye-agha. Ọlụ ya bụ ichedo obodo na igbu ndi-iro obodo ya, n'oge agha,

Onye-agha ka enyere ọzụzụ maka ibu-agha. Ndi-agha na-alụ ọgụ, n'ihi na nkea bụ ọlụ enyere ha n'aka idebe.

ONYE ỌCHICHI:

Obodo ọbụla, n'okpuru anyanwụ, nwere onye na-achi ya. Onye na-achi obodo nwekwara ndi-ọchichi, bụ ndi nọ ya n'okpuru.

N'ezie, ndi-ọchichi di ọtụtụ n'elu ụwa nkea mụ na gi bi n'ime ya. Ee, ha bara ụba n'obodo anyi. Ee, ọlụ ha bụ ichi obodo, chiakwa ya nke ọma.

Ichizi obodo achizi bụ ọlụ di mkpa, bụrụkwa ọlụ na-eme ka obodo ahụ bụrụ ihe ewuliri elu. Ọlụ ndi na-achi obodo bụ ọlụ ziri-ezi, bụrụkwa ọlụ bara uru nke ukwuu.

N'ezie, ọlụ nke onye-ọchichi di mkpa, dikwa ike karia nke onye-eze nke obodo ọna-achi. Ma, oge onye-ọchichi bụ ihe di mkpu-mkpu karia nke onye-eze.

Onye-eze nke nwere ezigbo akọ na uche na-anọdụ n'oche-eze ya rue ụbọchi ọnwụ ya. Nkea bụ uru, n'ihi na ezi akọ-na-uche na-amipụta mkpụrụ ọma.

Ndi-nwe-obodo na-arọpụta onye ha chọrọ ka ọchia ha. Ọzọ, ha ga-etinyere ya aka-nkwado, igosi ya na ha chọrọ ọchichi ya.

Site n'omume di otua ka onye-ọchichi nke arọpụtara, na-aghọta, n'ezie, na ya bụ naani ohu nke ndi ọna-alụrụ ọlụ. Onye-ọchichi nke na-enweghi ezigbo akọ-na-uche na-ebuli onwe ya elu dika ọga nke ndi goro ya n'ọlụ. Ee, omume di otua jọrọ njọ karia udele.

N'ezie, ezigbo onye-ọchichi bụ mmadụ nke na-erubere ndi nyere ya ọlụ ahụ isi. Ọbụ mmadụ nke di nwayọọ n'obi, bụrụkwa ezigbo mmadụ nke na-enweghi ntụpọ n'omume ya niile.

Ndi kwadoro onye-ọchichi nwekwara ike ichụpụ ya n'ọlụ. Ee, nkea bụ naani ezi-okwu, bụrụkwa okwu di-ire n'ebe ọchichi ziri-ezi di.

Ohu bụ odigbo. Onye-ọlụ adighi akari ọga ya, tụmadụ, n'oge ọnọ n'okpuru nke onye goro ya n'ọlụ. Ee, otua ka ọdi n'ebe onye-ọchichi nọ, n'ihi na onye-ọchichi bụ naani onye-ọlụ egoro ego.

Ndọrọ-ndọrọ ọchichi abụghi, "itinye nkea, irie ego; itinye nke ọzọ, ego gi efue". Ee, igba mgba ọchichi abụghi ọgụ-na-mgba. Kama, ọchichi bụ ife ọha-na-eze ofufe, di-ka ezigbo odigbo nke kwesiri ntụkwasi-obi.

Onye na-eche na ndọrọ-ndọrọ ọchichi bụ ọgụ-na- mgba amaghi ihe ichi-ọchichi bụ ma-ọli.

ỤLỌ-AKWỤKWỌ:

Ụlọ-akwụkwọ bụ ebe ụmụ-akwụkwọ na ndi-nkụzi ha niile na-agbakọ, maka imụ-akwụkwọ. Ọbụghi naani imụ-akwụkwọ bụ ihe ana-eme n'ụlọ-akwụkwọ. Ee, ndi-nkụzi na ụmụ-akwụkwọ na-enwekwa ihe- mgwuri-egwu di iche iche n'ebe ụlọ-akwụkwọ ha di.

Imụ-akwụkwọ na-eweta ọganiru, nye obodo na ndi mara ihe. N'ezie, mmụta nke zuru oke bụ mmụta nke ezigbo akọ-na-uche na nnukwu akụ-na-ụba nwere ezi-ọnọdụ n'ime ya. Ee, akụ-na-ụba nke onye nwere ezigbo uche na-ebuli ezi-na-ụlọ ya elu, buliekwa obodo ya elu.

N'ezie, akụ-na-ụba nke ọtụtụ mmadụ, na nke ọtụtụ ezi-na-ụlọ, na-ejikọta, mee ka obodo ha bụrụ ihe ebuliri-elu karia ọtụtụ obodo ndi ọzo.

AGỤ-IYI:

Agụ-iyi bụ anụmanụ di egwu. Ọna-ebi ndụ ya n'ime mmiri. Mgbe ụfọdụ, ọna-apụta n'ala akọrọ, maka ichụ-nta.

Agụ-iyi na-ewere azụ, na anụ-ufe, na anụmanụ ndi-ọzọ eme ihe-oriri. Mgbe ụfọdụ, ọna-egbu mmadụ, taakwa anụ ya.

ENYI (ENYI MMIRI):

Enyi bụ anụmanụ buru-ibu karia. Agụ na ọdụm na-atụ ya egwu.

Enyi na-achụ agụ na ọdụm ọsọ, n'ihi na ọkariri ha na-idi ike. Enyi na-ata ahihia, dika ehi, ewu na atụrụ.

N'ezie, enyi bara uru. Ọna-eburu mmadụ ibu, dika inyinya-ibu. N'obodo ụfọdụ, enyi na-enyere ụmụ-mmadụ aka na-ilụ ọlụ-ubi ha.

ỌDỤM:

Ọdụm di egwu. Ọdụm bụ dike na dimkpa n'ebe ichụ-nta di. Ọdụm bụ eze ụmụ-anụmanụ niile.

Ọdụm adighi atụ egwu ụmụ anụmanụ ndi-ọzọ; kama, ọna-egbu ha, werekwa anụ ha mee ihe-oriri. Ya mere, anụ-ọhia na anụ-ụlọ na-atụ ya egwu. Ha niile, n'otu n'otu, na-ezekwara ya ndụ.

BELEKUKU:

Belekuku bụ nnụnụ mara mma nke ukwuu. Ọbụ anụ-ufe nke were mmadụ dika enyi ya.

Belekuku adighi achọ esemokwu. Ọdi nwayọọ n'obi. Mgbe ọbụla egbe ma-ọbụ ugo biara ileta ya, belekuku ga-efepụ, gbaba ọsọ-ndụ, n'ihi na nleta egbe na ugo n'ebe belekuku di abụghi nleta di mma.

Egbe na ugo na-egbu anụ-ufe ahụ ana-akpọ belekuku. Ha na-egbu ya, werekwa anụ ya mee ihe-oriri.

Egbe na ugo na-egbu anụ-ufe ahụ ana-akpọ belekuku. Ha na-egbu ya, werekwa anụ ya mee ihe-oriri.

Belekuku na-ewere akọ-na-uche ya alụ-ọlụ, n'ihi na ndụ ya di ya mkpa. Ọna-ezere ndi-iro ya niile ndụ, n'ihi na ha na-achọ iwere ya mee ihe-oriri.

Belekuku mara mma, dikwa nwayọọ n'obi. Mmadụ ụfọdụ na-edote ya n'ebe obibi ha. Ọbụghi naani na ha na-edote ọtụtụ belekuku n'ebe obibi ha, ihe-oriri di iche iche ka ha na-enyezu anụ-ufe ndia niile.

Ee, n'ala Igbo, onwere ndi na-akpọ ezigbo nnụnụa…… kpalakuku. Ee, ndi ụmụ-ahia na-akpọ ya, kpalakuku.

Ndi-Ngwa, n'ala-Aba, na-akpọ ezigbo nnụnụ ahụ, belekuku. Ee, nkea bụ aha ya, dika asụsụ ndi-Ngwa si di.

Ee, ikpọrọ ya belekuku, ma-ọbụ na ikpọrọ ya kpalakuku, ha niile bụ aha ya.

AGỤ:

Agụ bụ anụmanụ di ike. Ee, agụ di ike karia. Ọna-ewere anụ-arụ nke ụmụ-anụmanụ, dika ezi-ọhia, ehi-ọhia, ele na mgbada eme ihe-oriri.

Agụ kpọrọ ita-ahihia asi, Okwenyerena ọlụ di otua bụ ọlụ nke ụmụ-anụmanụ na-adighi ike.

Ewu na atụrụ na mgbada na ele na-ata ahiahia. Ehi na enyi mmiri jikwa ahihia eme ihe-oriri ha. Ee, ha niile kpọrọ agụ na ọdụm asi. Ọbụghi naani na ha kpọrọ ọdụm na agụ asi nke ukwuu, ha na-atụ ọdụm na agụ egwu ri nne.

UDELE:

Udele bụ anụ-ufe jọrọ njọ. Ọjọkariri nnụnụ niile na-njọ. Udele jọrọ njọ n'ụzọ niile. Ọjọrọ njọ niile anya. Ọjọkwara njọ di egwu n'omume ya.

Udele na-eri ozu. Ọna-eri ozu-mmadụ na ozu ụmụ-anụmanụ. Udele na-eri ozu ụmụ-nnụnụ ndi-ọzọ.

N'oge agha n'obodo anyi, udele mụbara nke ukwuu. Ee, ha mụbara, n'ihi na ihe-oriri jupụtara nye ha.

Ozu ndi-agha gburu n'ọgbọ agha ka udele ndia were mee ihe-oriri ha.

NDURI:

Nduri bụ nwa-nnụnụ di nwayọọ n'obi. Dika belekuku, nduri adighi achọ nsogbu na esemokwu.

Akwụkwọ-nsọ mere ka anyi ghọta na nduri ka ụmụ-mmadụ ji achọ udo. Dika Chineke ji egwurugwu eme ka udo di n'etiti ya na ụmụ-mmadụ, otua ka ụmụ- mmadụ ji nduri achọ udo n'etiti mmadụ na ibe ya.

Ee, nduri bụ nwa-nnụnụ di nwayọọ n'obi. Ọdighi achọ esemokwu. N'ezie, akwụkwọ-nsọ mere ka anyi ghọta na nduri ka ụmụ-mmadụ ji achọ udo. Ya mere, udo bụ naani ihe jupụtara n'ime akọ-na-uche nke ezigbo nnụnụ ahụ ana-akpọ nduri.

NWA-OLOGBO:

Nwa-mba bụ nwa-ologbo. Ọbụ otu n'ime anụmanụ na-eri anụ ibe ya. Nwa-ologbo na-ebi n'ụlọ mmadụ, dika nkita.

Ee, nwa-ologbo bụ anụ-ụlọ, ma, ọdighi erubere onye nwe ụlọ isi, dika nkita. Mgbe nkita na-echedo ụlọ onye nwe ya, dika onye-nche, nwa-ologbo na-ewere oge ahụ jee ime ihe sọrọ ya.

Nwa ologbo na-achụ-nta. Ọna-ewere nwayọọ, nwayọọ, makuru anụ-ufe ma-ọbụ anụmanụ, bụ nke ọna-achọ ka ogbue.

Mgbe ọmakuru oke, ma-ọbụ mgwere, ma-ọbụ akiri, ma-ọbụ nwa-nnụnụ, ma-ọbụ ọsa na uze, na-mgberede, ọtagbue ya, n'otu ntabi-anya.

Nwa-ologbo adighi ebi n'ime ọhia; kama, ya na ụmụ-mmadụ na-ebi n'ụlọ ha. Mgbe ọbụla ewebatara nwa-ologbo n'ụlọ, oke na mgwere niile bi n'ụlọ ahụ agbafue.

Mgbe iwe na-ewe ya, ọna-ewere ọdụdụ ya gosi na iwe na-ewe ya, Ma mgbe obi na-atọ ya ụtọ, ọna-ewere obi di ume-ala biarue mmadụ nso, werekwa ahụ ya na-emetụ n'ụkwụ mmadụ ahụ.

Nwa-ologbo na-ebuli onwe ya elu dika Ọga nke onye-nwe-ya. Ọdighi erube-isi, dika nkita. Ee, onye na-achọ ka nwa-ologbo jere ya ozi na-etufu oge ya.

Mgbe onye-nwe-ya kwaziri akwa-ndina ya, nwa-ologbo ahụ ga-ebili, dika Ọga, jee n'ime akwa-ndina ahụ, dinara ala dika Ọga-nwe-obodo.

N'ezie, nwa-ologboa ga-ewesara gi iwe, ma-ọbụrụ na ichụpụ ya n'ebe ahụ odinara ala, izuru-ike.

ỌKỤKỌ:

Ọkụkọ bụ nnụnụ; ma, ezigbo ọkụkọ adighi ebi n'ime ọhia. Anyi nwere nne-ọkụkọ; anyi nwekwara oke-ọkpa ma-ọbụ oke-ọkụkọ.

Ụmụ-ọkụkọ bụkwa ihe Onye-okike jiri gọzie anyi. Ha na-esoro nne ha, site n'ime mkpuka pụa n'ezi, maka ikpa-nri.

Nnekwu ọkụkọ bụ nne-ọkụkọ. Ọlụ ya bụ iyi-akwa, ikpugide akwa ya niile, rue mgbe ha ga-abụ ụmụ-ọkụkọ. Ee, ọlụ ya bụkwa izụ ụmụ ya rue mgbe ha toruru ichọ ihe-oriri nke aka ha.

Ezigbo nnekwu ọkụkọ adighi arapụ ụmụ ya mgbe egbe na-achọ iburu ha, n'oge egbe ahụ na-achụ-nta. Ee, nnekwu ọkụkọ nke akọ-na-uche kọrọ na-esoro ọgazi na ọkwa yie akwa ya n'ime ọhia.

N'otu aka ahụ, oke-ọkpa nke na-enweghi uche na-ewere onwe ya nye ufu bi n'ime ọhia, ka ufu ahụ were anụ ya mee ihe-oriri.

Egbe na ufu bụ ndi-iro nke ọkụkọ, n'ihi na ha na-ewere anụ-ọkụkọ eme ihe-oriri.

Ufu na-egbu ọkụkọ; ee, egbe na-eburu ụmụ ya, werekwa ha mee ihe-oriri.

ỌMA-AHIA:

Izụ-ahia bara uru nke ukwuu. Anyi nwere ahia na ọma-ahia di iche iche n'ala-Igbo. Eke, Orie, Afọ na Nkwọ bụ aha ha.

Eke-ukwu, Orie-ukwu na Orie-nta, Afọ-ukwu na Afọ-nta, bụkwa aha ahia, dika oge-ahia si di, Ẹnwekwara Eke-nta, dika ụbọchi ya si di.

Ndi-Igbo adighi echefu Eke-ọha nke ọkụ di-oke-egwu gbara n'ala Aba. Ahia Ariaria bụ ahia ọhụrụ ewuru mgbe ajọọ ọkụ ahụ mere ka Ahia Eke-ọha kwọpụ ụgbọ.

Izu bụ ụbọchi anọ n'ala-Igbo. Nkea bụkwa izu-nta. Ma izu-ukwu bụ ụbọchi asatọ.

Ọma-ahia bụ ebe di obosara. Ọbụ n'ebea ka ndi na-ere, na-azụkwa ahia na-abia, kwa mgbe, dika oge ọzụzụ-ahia ahụ si di.

N'ọma-ahia ka enwere ndi na-ere azụ. Ọbụkwa n'ọma-ahia ahụ ka enwere azụ-ndụ, na azụ echekpọrọ echekpọ.

Okporoko na-ari ibe ya elu n'ebea ana-ere ahia. Ndi na-ere akwa-mgbochi-nke-anụ-arụ na-ere akwa-mgbochi ha n'ọma ahia.

Anụ ehi na anụ ewu ka ana-erekwa. Ọzọ, ọtụtụ ihe ndi-ọzọ ka ana-ere n'ọma-ahia.

Ndi na-ere igwe, ekpete, akwa-ndina, igwe-ọgba-tim-tim, na tim-tim na mbọrinbọ ndi ọzọ, na-erekwa ha.

Izu-ahia na eme ka ndi na-ere ihe di iche iche, na ndi na-azụ ihe ndia, biakọta n'otụ. Nkea bụ oke uru, bụrụkwa ihe na-eme ka erite uru ahụ aka.

OGBU-NKWỤ:

Ogbu-nkwụ na-egbu nkwụ. Igbu-nkwụ bụ ọlụ ya.

Igbu-nkwụ bụ ọlụ siri-ike. Ee, ndi na-egbu nkwụ na-ari elu-nkwụ chara acha, Mgbe ha rigoro n'ele nkwụ ahụ niile chara acha, ha ewere mma ha di nkọ, gbuda ike-nkwụ ahụ niile chara acha.

Igbu-nkwụ bụ ọlụ ana-alụ n'ala Igbo, kwa mgbe, tụmadụ, otu-mgbe n'otu ọnwa. Ụmụ nwanyi na-akwụ ndi na-egbu-nkwụ ụgwọ, ka ha jegharia n'ọhia nke obodo di ha, gbue nkwụ niile chara acha nye ha.

Ndi na-egbu-nkwụ na-amalite ọlụ ha n'isi ụtụtụ, mgbe oke-ọkpa malitere iti-mkpu na chi-abọọla. Ha na-ewere ọsọ gbagharia n'ime-ime obodo, gbagharikwa n'ọhia di ya gburu-gburu, maka igbu-nkwụ.

Tutu ha amalite, ndi niile na-egbu-nkwụ na-ezukọta na-mbara ama, n'ụtụtụ ahụ. Onye ọbụla na mma ya, na ụga-nkwụ ya. Mgbe Onye-isi-oche nke obodo tiri atañụ ya, ha niile achikapụ ọsọ maka igbu- nkwụ.

Ọbụrụ na ogbu-nkwụ aghọọ aghụghọ, ndi ama-ala erie ya iwu. N'ihi nkea, ogbu-nkwụ ọbụla na-enwe mkpachapụ anya, n'ihi na Ọha-na-eze chọrọ ka ọlụ ya bụrụ ihe na-enweghi ntụpọ ma-ọli.

DI-OCHI:

Di-ochi bụ onye na-akụ ngwọ. Ọlụ ya bụ ikụ-ngwọ, kụta mmanya di ụtọ. Ezigbo mmanya na-atọ ụtọ, na-egbukwa egbu.

Mmanya gbara ụka adighi mma n'afọ. Ezigbo di-ochi na-akụ ngwọ ya niile, ugboro abụọ n'otu ụbọchi. N'ụtụtụ, tutu igwe-oge akụa elekere asaa, di-ochi ahụ akụchaala ngwọ ya niile.

N'oge abali, tutu ọkụa elekere ise, ya ekulie, jeekwa ikụ ngwọ ya nke abali. Ndi na-ere mmanya na-eje n'ụlọ di-ochi ahụ, n'ụtụtụ na n'abali, gokọta mmanya ya niile.

Di-ochi mara ọlụ ya nke ọma na-ewere nche di mma tinye n'ime ite mmanya ya. Nkea ga-eme ka mmanya ahụ chagharia, siekwa ike karia mmanya nke nche na-adighi n'ime ya. Mmanya nche di n'ime ya ka ndi na-añụ, na-erekwa mmanya na-achọsi-ike.

Ụfọdụ na-ewere mmanya ndia mepụta mmanya ọzọ nke aha ya bụ kai-kai. Kai-kai na-egbu egbu karia mmanya ngwọ. Ọdikwa oke-ọnụ karia. Kai-kai na mmanya ngwọ ka ana-ere n'ahia di iche iche n'obodo anyi.

ODE-AKWỤKWỌ:

Ide-akwụkwọ di mma, bụrụkwa ọlụ itinye ezi akọ-na-uche bara ụba n'ime ya. Ode-akwụkwọ bụ dimkpa, bụrụkwa mmadụ nke nwere ezigbo akọ-na-uche ri nne. Idi ọcha nke ezi akọ-na-uche ya na-apụta ihe n'ihe niile nke odere n'ime akwụkwọ ya niile.

Akwụkwọ-nsọ mere ka anyi ghọta nke ọma na Chineke, Onye-okike, bụkwa Ode-akwụkwọ. N'ezie, ihe mbụ nke Onye-okike dere, nye ụmụ mmadụ, bụ iwu-iri. Odekwara akwụkwọ-nsọ, site n'ike nke Mmọọ-nsọ.

Chineke gọziri ndi-ode-akwụkwọ karia. N'ihi nkea, ọlụ ha lụrụ na-adi ndụ, ọbụna mgbe ndi-lụrụ ha rapụrụ ụwa nkea, jeekwa ụlọ nke ebighi-ebi ha.

Ndi-ode-akwụkwọ ka ndi-ọchichi na-atụ egwu nke ukwuu. Ha na-atụbiga ha egwu oke, tụmadụ, n'oge ichi-ọchichi ha jọrọ-njọ, n'okpuru anyanwụ. Ha adighi-achọ ka ndi na-ede akwụkwọ meebọọ ha, ma- ọbụ wepụta ha ụkwụ n'ama.

Ee, ndi niile ọlụ ha jọrọ njọ n'okpuru anyanwụ na-achọ ka ajọọ-ọlụ ha bụrụ ihe ezoro-ezo, bụrụkwa ihe ọha-na-eze na-amaghi.

DIBIA:

Anyi nwere ndi dibia di iche iche n'obodo anyi. Ọtụtụ n'ime ,ha na-alụ ọlụ mara mma. Ma, mmadụ ole na ole n'ime ha, bụ ndi na-adighi alụzi ọlụ, dika ọlụ enyere ha, ka ha lụa, si di.

Igwọ ndi-ọria bụ ọlụ kachasi ọlụ niile enyere Onye-dibia ka ọlụa. Ọna-eme nkea n'ụzọ ziri-ezi.

Ezigbo dibia na-ewepụ aka ya n'ihe rụrụ arụ. Ọbụkwa ezigbo mmadụ nke akpiri-uru na-ezighi-ezi na-adighi akpọ oku.

Igba-aja bụ ọlụ ọzọ nke dibia na-alụ. Site na nkea ka onye-dibia na ndi-mmọọ na-eririta ụka. Ọbụkwa site n'igba aja ka ezigbo dibia na-achọpụta ihe ezoro ezo.

Anyi nwere ụzọ dibia abụọ n'obodo anyi: Na mbụ, anyi nwere ndi-dibia na-agwọ ọria dika omenala anyi si di. Ọzọ, anyi nwekwara ndi-dibia, bụ ndi jere ụlọ-akwụkwọ, tinyekwa akwụkwọ di egwu n'ime ụbụrụ ha.

Ee, ha gụrụ akwụkwọ nke ukwuu, ghọtakwa ụzọ di iche iche esi agwọ ndi ọria. Ndi dibia di otua na-alụ ọlụ ha n'ụlọ-ọgwụ. N'ezie, ndi goro ha ọlụ na-akwụ ha ụgwọ karia nke ha na-akwụ ndi ọzọ niile na-alụrụ ha ọlụ. Ha na-eme nkea, n'ihi na ọlụ nke ndi dibia na-alụ n'ụlọ ọgwụ niile di mkpa nke ukwuu.

Ndi dibia ụfọdụ nwere ụlọ-ọgwụ nke aka ha; ha nwekwara ndi-ọlụ di iche iche na-alụrụ ha ọlụ.

MMIRI OZUZO:

Oge-ukwu abụọ ka Onye-okike jiri gozie obodo anyi. Chineke nyere anyi oge-ọkọchi na oge nke udu- mmiri. Mmiri ozuzo na-ezo, kwa mgbe, n'oge udu- mmiri.

Site n'ọnwa ise nke afọ, rue n'ọnwa iri, mmiri ozuzo na-ezo-si-ike. Oge di otua ka ana-akpọ oge udu-mmiri.

Mgbe udu-mmiri lụsiri ọlụ ya, ọkọchi amalite ilụ- ọlụ diri ya. Ọkọchi na-eme ka ụmụ-akwụkwọ na ụmụ-anụmanụ pụta maka mgwuri-egwu.

Ọbụghi otua ka udu-mmiri di. Kama, mmiri- ozuzo na-eme ka ndi-mmadụ n'ọdụ n'ime ụlọ ha, maka izere mmiri.

Ọkọchi na udu-mmiri bụ ezigbo ndi-enyi nke onye-ọlụ-ubi. N'ezie, ha abụọ na-alụkọ ọlụ, ime ka ihe-ọkụkụ-nke-ubi di mma. Ee, mkpụrụ akụrụ n'ubi apụghi ilụ ọlụ ya, ma-ọbụrụ na anwụ-otiti na mmiri-ozuzo alụghi ọlụ nke ha.

EGWURUGWU:

Egwurugwu na-aputa na mbara igwe, mgbe mmiri-ozuzo zochara n'oge ututu, ma-obu n'ehihie, anwu-owuwa amalite ilu olu diri ya. Mgbe oputara, ona-egosi ima-mma ya, site n'udi asaa nke onwere.

Udi ya nke mbu na-acha uhie-uhie. Udi ya nke abuo na-acha dika epe nke chara acha. Udi ya nke ato na-acha odo-odo. Ee, udi ya nke ano na-acha dika akpo-ntu. Nke ise na-acha dika akwukwo-ndu. Udi ya nke isii na-acha dika obara-eju nke azopiara azopia. Mba, udi ya nke isii ahu na-acha dika esu nke toruru ihe eji esu eme.

N'ezie, ụdi egwurugwu nke asaa na-acha mara-mara dika nche, nke di-ochi na-etinye n'ite-mmanya.

Akwụkwọ-nsọ mere ka anyi ghọta na egwurugwu bụ ọgbụgba-ndụ udo. Nkea gosiri na Chineke agaghi ewere mmiri-ozuzo mebie ụwa nkea ọzọ. N'ezie mgbe egwurugwu pụtara na-mbara igwe, n'oge mmiri na-ezo, mmiri-ozuzo ahụ ga-akwụsi n'oge na- adighi anya. Ee, nkea na-egosi na Onye-okike na- enye ọgbụgba-ndụ ahụ nsopụrụ.

Mgbe amụma-mmiri na-ama, egbe nke elu-igwe ana-alụkwa ọlụ diri ya, oge di otua ka anwụrụ-ọkụ nke iwe Chineke na-apụta ihe na mbara nke elu-igwe.

Ọbụrụ n'ehihie ka ihe ndia niile na-eme, ee, n'oge na-adighi anya ka egwurugwu toro ogologo ga-apụta, n'ụdi ya niile, na-mbara nke elu-igwe. Ihe iribe-ama ahụ na-eme ka oke-iwe nke Chineke dajụa.

Ee, Onye-okike na-asọpụrụ ọgbụgba-ndụ ahụ n'oge niile.

MKPARA:

Mkpara bụ ihe-ngosi nke mbuli-elu. Ndi-eze na ndi nwere akụ-na-ụba, ri nne, nwere mkpara na-egosi mbuli-elu ha.

Mkpara ka ndi-ọgaranya na ndi bụ ndi-okenye ji aga-ije. Mmadụ nke mere agadi na-ewere mkpara ya enyere onwe ya aka, mgbe ọna-eje ije ya.

NDI NA-ETI ỌKPỌ:

Iti-ọkpọ bụ ọlụ siri-ike. Ndi bụ dimkpa na dike na-alụ ọlụ di otua.

Ọtụtụ afọ gara aga, Maazi Diiki Ihetu buliri obodo anyi elu site n'iti ọkpọ. Ndi-ọcha na ndi ụwa niile na- akpọ ya Diiki Agụ.

Dimkpa na dike ahụ jere obodo ndi ọcha, maka iti-ọkpọ, Mgbe orutere ebe ahụ, ya na onye-ọcha amara aha ya amalite iti-ọkpọ.

Mgbe ha na-eti ọkpọ, Maazi Diiki "Agụ" Ihetu gosiri onye-ọcha ahụ ihe ojiri ka ya ike. Ee, ọkụpụrụ onye-ọcha ahụ mkpụrụ-ọkwụrụ n'anya.

Maazi "Agụ nke Afirika" gbanyere Maazi Jọni Fuluma ose n'anya ya abụọ n'obodo ndi-ọcha. Mgbe ọkpachara-ike di egwu n'obodo ndi-ọcha, owekwara mbuli-elu di egwu, na abụba-ugo pụrụ iche, na ego onye ọgaranya, lọta ije ya.

NDI NA-AGBA MGBA:

Mgbe egwu-mgba na-eti na-mbara ama, ndi-okenye na ụmụ-okorobia apụta. Ugbua, ndi na-agba mgba amalite igba mgba ha.

N'ala-Igbo, eji igba-mgba amara nwoke nke bụ dimkpa na dike, karia ibe ya. Ọbụrụ na nwoke amaa nwoke ibe ya aka-mgba, n'oge egwu-mgba na-eti na mbara-ama, naani onye na-adighi-ike ga-arapụ inabata ima-aka ahụ.

Inwe-mmeri n'ebe ana-agba mgba, na-ebuli aha nwa-okorobia elu, dika ụlọ. Anyi gụrụ ihe banyere Maazi Okonkwọ, bụ ọgba-mgba nke Maazi Chinua

Achebe dere n'akwụkwọ. Igba-mgba ya mere ka amazue aha ya n'ụwa niile.

ONYE NA-ARARỤ ỤRA:

Akwa-ndina bụ ebe mmadụ na-ararụ ụra. Onye na-ararụ ụra na-enwe ozuzu-ike. Ahụ mmadụ chọrọ ozuzu-ike, kwa mgbe, n'ụbọchi niile.

N'oge abali ka ọtụtụ mmadụ na-edina n'ime akwa-ndina ha, wee rarụ ụra.

ỌJI NA OSE-ỌJI:

 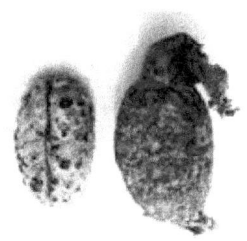

Inye onye-ọbia ọji bụ omenala ndi-Igbo. Ee, nkea bụ ezi-okwu. Omenala ndi-Igbo pụrụ iche site n'omenala nke ndi mba ọzọ.

Inye onye-ọbia ọji na-egosi, n'ezie, na anabatara onye-ọbia ahụ nke ọma. Ee, n'ala-Igbo, ihe di iche iche ka mmadụ ji eme onye-ọbia ọji.

Ọji na ose-ọji bụ ihe abụọ nke kachasi iji mee ọji. Otua ka nkwenye ndi-Igbo si di. Mgbe ụfọdụ, mmadụ na-ewere mmanya na ihe-oriri mee ndi-ọbia ya ọji.

Mgbe ụfọdụ, ha na-ewere okporoko, ụgba, na anụ echekpọrọ echekpọ mee ọji.

Ee, mgbe ụfọdụ, Onye-Igbo na-ewere ụgba na afụfa, ji na ede, mee ndi-ọbia ya ọji. Inye Onye-ọbia ọji bụ onyinye nke si n'obi mmadụ pụta. Nkea na-egosi ezi-nnabata na ihụ-nanya.

AKWỤKWỌ:

Akwụkwọ bara uru. Ọbụ n'ime ya ka odeakwụkwọ dekọtara amamihe ya. Ọbụkwa n'ime ya ka odekọtara amamihe na akọ-na-uche nke ndi ọzọ.

Akwụkwọ di mkpa, dikwa ike. Ihe ọma na iheọjọọ bara ụba n'ime akwụkwọ di iche iche.

Anyi nwere akwụkwọ di iche iche n'okpuru anyanwụ. Na mbụ, anyi nwere akwụkwọ nke Onyeokike nyere ụmụ mmadụ. Aha akwụkwọ ahụ bụ "akwụkwọ-nsọ". N'ime ya ka edere akụkọ di iche iche, denyekwa ndumọdụ na iwu nke Onye-okike nke ụwa na igwe.

Anyi nwekwara akwụkwọ ndi ọzọ. Aha ha di iche iche. Okwu na asụsụ di iche iche, na nkọwa ihe di iche iche, ka edekọtara, n'ime akwụkwọ ndia niile.

MKPISI-AKWỤKWỌ:

Mkpisi-akwụkwọ ka eji ede ihe. Ọlụ ya bụ ime ka amamihe ụmụ mmadụ, na ọlụ niile ha lụrụ, bụrụkwa ihe echedoro echedo.

Ndi-nkụzi na ụmụ-akwụkwọ na-ewere mkpisi-akwụkwọ ha ede ihe-odide. Ndi na-ede akwụkwọ apụghi ilụ-ọlụ ha nke ọma ma-ọbụrụ na akwụkwọ na mkpisi-akwụkwọ adighi.

INYINYA-IBU:

N'ọzara ka inyinya-ibu na-alụ ọlụ diri ya, ri nne.

Ee, dika aha ya si di, ezigbo inyinya-ibu na-eburu onye nwe ya, na ibu ya, jee ije.

Ọlụ ya n'ọzara di ka ọlụ ụgbọ-ala na-alụ n'okporo ụzọ. Mgbe inyinya-ibu bu ibu ya niile, na-ejekwa ije ya, ọbụkwa nwayọọ, nwayọọ ka inyinya-ibu ahụ ji aga ije ya.

Inyinya-ibu adighi agba ọsọ ri nne dika ụgbọ-ala. Ahihia ka inyinya-ibu ji eme ihe-oriri. Ọbụkwa mmiri ka ezigbo anụmanụ ahụ na-añụ mgbe akpiri na-akpọ ya nkụ.

NSIKỌ:

Nsikọ bụ anụ-mmiri. Ya na azụ na-ebi n'ime mmiri. Ọbụghi naani n'ime mmiri ka nsikọ ji eme ebe-obibi, mgbe ụfọdụ, ọna-apụta n'ala akọrọ, nke di n'akụkụ mmiri, wee jeghariakwa ije ya.

Nsikọ nwere ụkwụ na-aka. Aka ya abụọ ka oji achụ-nta, n'ihi na ha di nkọ di-ka agụba.

Ụkwụ nsikọ ka oji eje ije. Ee, nwayọọ, nwayọọ ka nsikọ ji eje-ije. N'ezie, nsikọ na-eje ije dika onye- ngwọrọ.

Nsikọ niile na-ete ụkwụ, dika onye ụkwụ ya gbajiri agbaji. Ee, nsikọ na oporo na ayiya bụ ụmụ-nne. Ha niile na-ebi ndụ ha, ọbụghi naani n'ime nnukwu aja nke jupụtara n'akụkụ oke-osimiri, ha jikwa oke-osimiri ahụ eme ebe-obibi ha.

ỤKPAKA:

Ụkpaka bụ mkpụrụ-osisi na-atọ ụtọ. Ọna-amikwa n'ukwu osisi ya. Osisi ụkpaka na-eto kwa afọ. Mgbe ọmiri mkpụrụ ya, mkpụrụ ahụ na-achakwa, bụrụkwa ihe di ụtọ nke ukwuu.

Osisi ụkpaka na-eto n'ime ọhia. Ọbụkwa n'ime ọhia ka ụmụ-ntakiri na-eje ichụ-nta mkpụrụ-ụkpaka chara acha.

Mgbe ha chọtara ya, ha na-eme ọsọ-ọsọ ighọrọ ya, Mgbe ha ghọtara mkpụrụ ụkpaka chara acha, ha na-ewere obi-añụri rachaa ya, n'ihi na ọna-atọ ụtọ.

AJỤ-UDU:

Nkea bụ ukwe ụmụ-ntakiri na-agụ mgbe ajụ-udu gbara ọnwa gburu-gburu n'etiti abali:

"Ajụ-udu abiala ọnwa ụgwọ eh.

Ọnwa gara mkpọrọ afọ eh.

Ee, eh, eh: ọnwa gara mkpọrọ afọ eh".

Ụmụ-ntakiri hụrụ egwu-ọnwa ahụ n'anya. Ee, nkea bụ ezi-okwu. Ajụ-udu na-apụta n'etiti abali, n'oge ọnwa na-agba na-mbara elu-igwe. Ee, ọna-agbakwa ọnwa gburu-gburu, dika onye eji ụgwọ.

Mgbe ọbụla ajụ-udu gbara ọnwa gburu-gburu, ọnwa na-akwụsi ije-ije ya na mbara elu-igwe. Ajụ-udu na-alụ ọlụ ya dika ọna-ụtụ nke na-enweghi ebere. Mgbe ana-ahụ ya na-mbara elu-igwe bụ n'oge abali, n'oge ọkọchi. Ọbụkwa n'oge ọgbara ọnwa di n'igwe gburu-gburu ka anya ụmụ-mmadụ na-ahụ ya na-mbara elu-igwe.

ILU NA OKWU YIRI IBE YA:

1. Egbe na-achọ igba-egbe na-achọ igbagbu onwe ya.

2. Ijiji jụrụ aja achụrụ nye agbara gbara onwe ya ose n'anya.

3. Onye-isi rapụ eju ọzọtara n'ụkwụ, chi ya azọpia ukwu nke akọ-na-uche ya.

4. Aka-mgba chere nwoke mgbe ọdi n'okoro-ọbia, chere ya n'oge ụwa ọma ya.

5. Mgbe ọkọ na-akọ anụ-ọhia, ojee n'ukwu osisi; ma, ọkọọ mmadụ; ojekwuru mmadụ ibe ya ka ọkọọ ya.

6. Ekpo na-agba ekpe, na-agba egwu ụmụ-nne ya.

7. Aka nke nwoke ahụ ji ji-na-mma, bụ aka nke di-jii.

8. Ọkọ kọrọ abụba ọkụkọ, kọrọ onwe ya.

9. Ejighi abali ama onye ikpe mara n'ọgba ikpe, ka ana-eji ụtụtụ ama njọ-ahia.

10. Onye-eze kwuree ọnụ ya, okwu niile okwuru

esie isi karia nke ogologo ọnụ nkapi.

11. Ome-ihe jide ọfọ, n'ihi na ọfọ-na-ogu bụ ụmụ-nne

12. Ọbụ ihe-arụ na ihe eke ga-eji bue ibu, owere ya too naani ogologo.

13. N'ezie, agwọ nwere uche na-achọ-ụzọ ọga-esi gbafue, di-nta na-amaghi uche agwọ ekwue na agwọ ahụ na-alụ ọgụ karia anụ-ọhia niile.

14. Ugo riri awọ merụrụ ima mma ya.

15. Awọ nke na-agba ọsọ-ndụ n'ehihie, nwere ihe na-achọ inapụ ya ndụ ya n'ike.

16. Onye na-afu opi, aghaghi ifụkwa imi ya.

17. Okpokoro-aja dabara n'olulu alaruela n'ezi-na-ụlọ ụmụ-nne ya

18. Onye na-ara ofe di ụtọ nwere ihe ọna-ara.

19. Ọtụ-ilu na-atụ ilu, dika nghọta na akọ-na-uche ya si di

20. Ụwa nkea di egwu, n'ihi na ọbụ ebe mgwuri-egwu nke ihe-ọma na ihe-ọjọọ.

21. Chee echiche ebe ọdi omimi, tutu gi ekpebie, mee ihe ọbụla nke ina-achọ ka imee.

22. Di-nta ji ụta-na-akụ achụ-nta n'oke ọhia nke ndi-mmọọ na ndi mmadụ jụrụ ajụ, ajụwo onwe ya.

23. Akọ-na-uche nke onye-ọbụla zuru-oke, zikwa-ezi n'anya nke onwe ya.

24. Onye-nzuzu zuru-oke na-akọ-na-uche nke aka ya.

25. Ugwu na ndagwurugwu bụ ụmụ-nne. Ma, egwurugwu na ebili-mmiri bụ naani ọlụ-ebube n'okpuru anyanwụ.

26. Nwa-agbọghọ na-amụ nwa, na ezigbo nwa-okorọbia na-amụ akwụkwọ, nwere ihe ha abụọ na-amụ.

27. Ezigbo nwanyi guzo n'iru enyo, ka enyo ahụ na-egosi onyinyo ya.

28. Agwọ loro agwọ-ibe-ya, ka ọdụdụ agwọ-oloro, na-apụta n'ọnụ ya.

29. Ndi-Igbo n'oge gboo gbaliri n'oge ahụ. N'ezie, ha gbokwara mkpa ha.

30. Dibia na-achụ aja nye agbara na arụsi, na-anabata ọbibia udele n'ebe ọna-achụ aja ya, n'ihi na udele bụ ezi-enyi ụmụ-agbara, na onye-ozi nke ndi-mmọọ.

31. Mgbe agbisi gbara otule nke n'ọdụrụ ala n'ala-akọrọ, ka otule ahụ na-aghọta, n'ezie, na ala-akọrọ ahụ abụghi oche-eze ya.

32. Apiti rie ozu mmadụ, ili-nwa-mmadụ agbara-aka ozu ya.

33. Oke-osimiri rie ndi na-eje ije n'oke-osimiri, ili niile aga-egwu maka olili ha erie uju-ozu riri nne.

34. Agbisi gbaa otule, ọgbaa ọsọ igbanari onye ọgbara otule ya.

35. Ọkụkọ eji achụ-aja nye ndi mmọọ na-akpọ udele biara-ije ezigbo enyi ya. Ma, ọmaghi na udele ahụ bụ naani onye-ozi nke ndi-mmọọ.

36. Ọbụrụ na mkpebi akaghi gi obi, mkpebi ahụ apughi ikụ gi ahia, n'ihi na inweghi mkpebi n'ime mkpebi ahụ.

37. Otule-nwata rapụrụ oche ma n'ọdụ na-ala, n'ime usekwu nke agadi nwanyi, na-achọ agbisi-na-agba otule nnukwu okwu. Mgbe iwe were agbisi-na-agba otule, olezie anya nke ọma, gbaa otule ya.

38. Agadi nwanyi kọchaa ogiri di n'ime ọkụ ọnụ, mgbe ogiri na ụgba gwakọtara, ọkọ-ọnụ ahụ akọrọ ụgba na ogiri ọkọrọ-ọnụ takọta.

39. Ọkọ kọrọ ọkụkọ n'ike, chọrọ ka ikuku na ụmụ-mmadụ hụ otule ya.

40. Onye-ngwọrọ gwọọ-nsi, ụgwọ oji mmọọ na mmadụ adọkpuru ozu ya, tinye ya n'ime ọhia nke agbara-ọjọọ.

41. Okenye na-agwọ ofe n'etiti ụmụ-ntakiri na-agwọru nsọpụrụ ya n'ebe ụmụ-ntakiri ahụ niile nọ.

42. Onye nwere nkita nke na-ata ọkpụkpụ anyawara ya n'olu nwere ajọọ nkita n'ezie.

AKWỤKWỌ-OZI: (NDUMỌDỤ NYE GI).

Ezigbo enyi m,

Ụkwụ ọma kpọrọ gi. N'ihi nkea, echegbula onwe gi. Cheta na Chineke bụ ezi nna. Ọbụ ya na-azụ gi dika onye-ọzụzụ-atụrụ-ọma.

Ọgaghi arapụ gi. Ọgaghi arakwa gi aka. Ee, ya onwe ya bụ nna gi. N'ezie, nsogbu-ụwa ga-abia. N'ezie, ha ga-abia mgbe ina-achọghi ha.

Ee, ha ga-ezokwasi gi dika udu-mmiri. Ee, ajọọ mmiri ahụ ga-emekwa ka obi ima-jijiji jupụta n'ime obi gi. Ọlụ ya niile ga-eme ka arụ gi tụa-egwu dika ebe ala-ọma-jijiji lụsiri ọlụ ya.

Nkpụrụ-obi gi ga-atụ egwu, kwa ụbọchi, n'ụbọchi ndia niile. Ndi-enyi ụgha ga-ajụ gi. Ụfọdụ n'ime ha ga-ekwutọ gi. N'ogea ụwa gi na-atụghari ka iga-aghọta na ndi-enyi ụfọdụ bụ naani ndi-enyi na-ekwesighi ntụkwasi-obi, ma-ọli.

Mgbe ebili-mmiri lụsiri ọlụ ya ka ezi-udo nke oke-osimiri na edere duu. Ya mere, tụgharia uche. Cheta na Chineke na-adi ndụ mgbe niile. Nwa-nti-nti oge ka ụwa bụ nye gi, dika ebe-obibi. Mgbe oge gi gwusiri, ighaghi irapụ ụwa nye ndi fọdụrụ.

Oge gi n'elu-ụwa nkea di mkpụ-mkpụ. Naani nwa-nti-nti oge ka ọfọdụrụ ka iwee guzoro n'iru oche-ikpe Chineke, wee zaakwa ajụjụ banyere ọlụ niile nke ilụrụ n'okpuru anyanwụ. Ee, nkea bụ nkwa zuru-oke, bụrụkwa ihe Chineke doro nsọ nye gi.

Ee, ighaghi iguzo n'iru Chineke, n'oke ụbọchi ahụ, nke kachasi ụbọchi niile na ndụ gi. Ee, Chineke, na ndi mmọọ-ozi, ka gi onwe gi ga-eguzo n'iru ha, n'ọgba-ikpe.

Ndi mmọ-ozi nke Chineke ga-agbakwa ama banyere ọlụ gi niile. N'ụbọchi ahụ ka iga-anata ụgwọ-ọlụ gi, n'aka Chineke.

Ugbua ina-adi ndụ, naani ọbara nke Ọkpara Chineke pụrụ izọpụta gi. N'ihi nkea, tụkwasi naani Chineke obi, n'oge niile.

Echegbukwala onwe gi. Cheta na Chineke, Eze-nke-igwe, na-adi ndụ rue mgbe ebighi-ebi.

Na mgbe ochie...... mgbe elu-igwe na ụwa bụ nwanne.... Mgbe kpakpando na anyanwụ na-alụ ọlụ ha, n'idi n'otu, ehihie na abali...... mgbe ihe na ọchichiri na-ebi ndụ dika di na nwunye...... n'oge ahụ ka ụwa nkea di mma, karisia.

Ugbua, ụwa nkea emebiwo. Okwukwu ewerewo

ehihie fepụ n'akwụ ya. Udele agbawo ọsọ-ehihie n'etiti abali. Nwa-awọ ewerela udu jee ije n'olulu ọbara, n'ọzara mmiri.

Ụmụ-nnụnụ achụpụta ndi-ọchichi n'akwụ ha. Elu-igwe emeela ụñara. Ụwa emeekwa mkpọtụ, ri nne.

Atañụ nke-ụwa arapụla ọlụ enyere ya n'aka ka ọlụa. Ugbua, ndi na-enweghi igwe-oge, ji naani uche gbagọrọ agbagọ, dika ihe-ncheta nke elekere na nkeji nke obi ha.

Izu-agbara na-alụ ọlụ diri ya, n'etiti ụmụ-arụsi. Ee, dika akọ-na-uche agbara ndia si di, ọlụ nke kasi ọlụ ya adighi n'okpuru elu-igwe.

Ngbanwe ezokwasiwo ụwa nkea dika uju-mmiri. Ee, ụgbọ-ala arapụla okporo-ụzọ na-ejekwa ije ya n'elu-igwe. Igwe-ojii elechaa anya, naani ọchi eju ya ọnụ.

Akụkọ-ụwa nkea ejula udele afọ. Mgbe agbisi gbara otule ka otule ghọtara na ala-akọrọ abụghi nke ya. Nwata rapụ ihe ojiri mụa akọ, ụwa etufue ya.

Ọkụ gbaa ọzara, ụmụ-osisi ewere ehihie na abali rie uju. Ọfọ mee ihe ala na-asọ nsọ, ogu ewere ọnụma gbarue iru….. n'ihi na ọfọ na ogu bụ nwanne.

Afọ rua afọ-udele, ụmụ-agbara erie uju. Ee, nne na ada ya bụ otu. Nna na di-ọkpara bụkwa otu.

Naani ndi-ọcha na-agba alụkwaghi m n'etiti ụmụ na ndi mụrụ ha. N'ala-Igbo, ihe di otua bụ ihe ala na-asọ nsọ.

Udu-mmiri kụwa, mmiri akwafue. Ụwa ndo. Ụwa-nkita na ebe onye-nwe ya nọ bụ ụwa enyi-na-enyi. Ma, ụwa nwa-ologbo na onye-nwe-ya bụ ihe ọzọ. Ee, dika akọ-na-uche nwa-ologbo si di, onye-nwe-ya bụ naani oru ya.

Ọchichọ m na olile-anya m bụ ka Chineke n'ọnyere gi, n'oge niile nke ndụ gi. Ana m ariọ Chineke, Eze nke ụwa na elu-igwe, ka obinyere gi na ezi-na-ụlọ gi. Ka Onye-okike gọzie gi.

Ekpere m bụ ka Igwe-Ka-Ala, ezigbo Onye-Okike-Nke-Ụwa-Na-Igwe, were akụ na ụba nke si n'aka nsọ ya, chọọ gi mma.

Biko ezigbo enyi m, enwerem ezigbo olile-anya na ọnọdụ gi ga-agbanwe. Mgbe ezigbo ube Chi nyere gi ruru nke ọma, biko, echefula nwanne gi. Igbo na-ekwu si: "aka aja aja na-ebute ọnụ mmanụ mmanụ". Chi jie, ezigbo ọkụkọ achọta mkpuka onye nwe ya.

Ewu rapụ ọgba onye-nwe ya, n'oge ehihie, onye nwe ya ewere abali chọwa ya. Ebule siri ike ka isiọwụwa na-eme n'ụbọchi niile.

Ee, nkita daa ogbi, igbọ-ụja ya arapụ ya. Awọ mmiri juru ọnụ amaghi oge ụmụ ya na-ekwe ukwe. Abụ biakutara onye-isi kpuru, kpọrọ onye-isi ahụ asi ri nne.

Ugo nke na-achọ ka ya na udele mee enyi, etinyela akọ-na-uche ya na nsi-ewu. Igolo-ọma nke na-eche na ya bụ ụgbala na-eduhie onwe ya.

Ọdụm nke na-achụ-nta n'oke-osimiri na-achọ agụ-iyi okwu, n'ezie. Mmiri-ozuzo na-ezo n'oge udu-mmiri. Ọbụkwa n'ọkọchi ka anwụ na-eti.

Ọnwa na kpakpando na-alụ ọlụ ha n'abali. Ọbụkwa n'ụtụtụ na ehihie ka anyanwụ na-eje ozi diri ya.

Ala-ọma-jijiji na-egosi oke-iwe nke Onye-okike-nke-ụwa-na-elu-igwe. Ee, ọbụkwa ihụ-nanya ya na-eme ka ọganiru zuru oke zokwasi ụmụ ya dika mmiri. Ọlụ ya n'elụ ụwa na-agba ama nye otito ya.

Ewo, nwanne m, oge m na-akụ kwarapụ, kwarapụ. N'ihi nkea, ka ọdiwazie n'oge ọzọ.

Imeela nke ukwuu. Biko, n'ọdụ nke ọma.

Abụ m ezigbo enyi gi,

Maazi S. A. Abakwue.

EWO, CHINEKE M:

Ụwa nkea na-efeghari efeghari. N'ezie, onwekwaghi izu-ike diri ụwa nkea, ma-ọli. Elu-igwe toro ogologo. Ụwa nkea dikwa mkpụ-mkpụ.

Nsọtụ osimiri nke ndụ bụ ndagwurugwu nke ihe niile. Ee, ụwa emebiwo.

Chineke m, Onye kere ụwa na igwe. Lee ọnọdụ ụmụ gi; meekwa ebere na-arụ ha.

Ụmụ gi nọ na mkpa. Nsogbu ụwa ejula ha afọ. Kwa ụbọchi ka ụmụ gi na-ajụ ajụjụ si: Olee mgbe nzọpụta anyi ga-abia?

Ee, ndi ọnọdụ ha di elu na-arụgbu ụmụ gi. Ha na-achi ụmụ gi ọchi; n'ezie, ha na-eme otua mgbe anya mmiri na ụmụ gi na-agba mgba. Ewo Chineke m. Ihiem kwa.

Nwata nne ya di ndụ añụwo abụ rere ure, n'ọnọdụ ezi mmiri-ara nke nne ya. Ee, ala arụala.

Chineke m, ezi-omume gi ejewo ije n'ebe ana-eme ihe ala na-asọ nsọ. Eze-nke-ụwa-na-igwe, biko, gini bụ nkea?

Nkita rapụ ijere onye nwe ya ozi, ọbụrụzie nkita-ọhia. Ewo. Ihiem-kwa.

Chineke nke ụwa na igwe, gini ka ichọrọ ka ụmụ gi mee? Onye-iro na-achi ụmụ gi ọchi. Ee, ekwensu na-ata ha ụta, n'ihi na ha tụkwasiri gi obi.

N'ezie, ụmụ gi leechaa ọnọdụ ha anya, anya-mmiri di-ilu eju ha afọ. N'ezie, ha na-erikwa uju dika ọbụ na Chineke ha adighi.

Ee, olee mgbe nzọpụta ha ga-esi n'aka gi bia? Olee mgbe iga-ehichapụ anya-mmiri ha? Ụmụ gi nọ n'ime mkpa nke kachasi mkpa.

Mkpagbu ha na-ebinyere ha, kwa ụbọchi, dika onye-nche nke na-enweghi oge ozuzu ike, nye ndụ ya.

Naani ọñụ ka onye-nche ahụ, nke di mkpagbu, na-enwe n'oge ụmụ gi na-ahụsi anya. Olile-anya ụmụ gi, maka nzọpụta, bụ ihe na-adighi atọ onye-nche ahụ ụtọ.

Chineke nke ụwa na igwe, naani gi bụ Ọka-ikpe kachasi ọka-ikpe niile. Ọlụ gi niile ka gi onwe gi lụrụ naani n'ezi-omume. Ọbụkwa ọbọ-aka gi kpụrụ mmadụ n'oyiyi gi.

Ume-ndụ nke si n'ọnụ gi pụta bụkwa ihe di egwu nke ukwuu; ọbụ ezie na ume-ndụ ahụ bụ nwa-nti-nti oge-ndụ, nye mmadụ.

Ihe-efu ka mmadụ bụ mgbe iwepụrụ ume-ndụ ahụ n'arụ ya. Chineke, onye di elu, biko mee ebere na-arụ ihe-ikere n'oyiyi gi.

ECHEGBULA ONWE GI:

Echegbula onwe gi. Chineke bụ onye nwe gi. Ọlụ ya n'ebe inọ dika ọlụ nke onye-ọzụzụ-atụrụ-ọma. Ọgaghi ara gi aka. Eze-nke-igwe agaghi arapụ gi.

Echegbula onwe gi mgbe ekwensu na-agbọ ụja, dika nkita ọhia. Anụ-ọhia ka onye-iro ahụ bụ. Echegbula onwe gi n'ihi ya. Chineke aghaghi ikpuchite gi site n'aka nke onye-iro.

Echegbula onwe gi mgbe nsogbu ụwa na-abiakwute gi. Cheta na Chineke na-adi ndụ. Ọlụ ya n'elu ụwa, n'okpuru anyanwụ, na-agba ama nye ima-mma na idi-ike ya.

Ọzọ, cheta na Chineke na-adi ndụ rue mgbe ebighi-ebi. N'ezie, ọbụrụ na nsogbu ụwa eduru gi jee ije na ndagwurugwu nke onyinyo ọnwụ; ee, ọbụna na nkea, ekwela ka obi maa gi jijiji. Atụkwala ụjọ, ma-ọli.

Chineke aghaghi izọpụta gi, ọbụna site na mma-agha. Ee, naani tụkwasi ya obi. Ọga-adi mma. Ee, ọdiwo mma.

N'ezie, nsogbu ụwa ga-abia. Ọbụna n'oge di otua, Chineke na-adi ndụ. Onye-Okike-nke-ụwa-na-igwe nọ gi nso n'oge niile.

Ee,Chineke n'onyere gi. Ya onwe ya bụ nne na nna nke kachasi nne na nna niile. Ee, Eze-nke-igwe agaghi arapụ gi.

N'ezie, Chineke na-adi ndụ. Ntamu niile nke obi gi na-emetụ ya n'obi.

Echegbula onwe gi. Chukwu bụ nna gi n'ezie. Mgbe inọ n'ime nsogbu, cheta na Ike-nke-Igwe pụrụ izọpụta gi site na nsogbu gi niile.

Tụkwasi ya obi gi mgbe niile. Mee otua, n'ihi na Chineke na-adi ndụ mgbe niile. Ọganiru gi dabere na ya. Ee, ya onwe ya bụ ụzọ-akụ-na-ụba gi.

Ego na ogologo-ndụ bụ ụfọdụ n'ime ihe-ọtụtụ nke mbuli-elu gi. Chineke na-enye ụmụ na ezi akọ-na-uche. Ahụ idi-ike bụkwa ngọzi si n'aka Chineke bia.

Ipụghi ibi ndụ n'elu ụwa nkea, n'obi añụri, ma-ọbụrụ na ihe-ọtụtụ-nke-ngọzi ya ezughi-oke n'ime ndụ gi. Ee, nkea bụ ezi-okwu.

Ogologo ndụ zuru-oke, na akụ-na-ụba bụ ihe-nketa nke mmadụ, site n'ụbọchi ahụ amụpụtara ya n'ụwa, ọbụna rue n'ụbọchi ọnwụ ya.

Olile-anya nke di-elu karia ọganiru adighi. N'ezie, ala-eze nke elu-igwe, nke mụ na gi na-agba-ọsọ banyere ya, bụ olile-anya. N'ezie, olile-anya ahụ bụ naani ọganiru nke kachasi ọganiru niile. Ya mere, okwu ahụ di mkpa, bụrụkwa ihe di itụ-n'anya, na akụ-na-ụba niile, nke di n'elu ụwa na nke jupụtara n'elu igwe, bụ mnwapụta nke olile-anya ahụ. Ee, olile-anya ahụ bụkwa naani ọganiru, n'ezie.

Ezi enyi m, biko echegbula onwe gi. Ọbụ ezie na nsogbu ụwa nkea agwụla gi ike; nwee ntachi-obi.

Naani Chineke, n'oke amamihe ya, mazuru oge-nsogbu ụwa nkea ga-agabiga.

Ụwa di egwu, nwanne m. Naani Eze-ndi-eze mazuru ihe niile. Ọbụkwa naani Onye-Okike bụ di-ọkpara nke amamihe niile. Chineke bụ aha ya. Mmadụ bụ ihe Onye-Okike jiri chọọ Onyinye ya mma.

Echegbula onwe gi mgbe nsogbu ụwa na-ezokwasi gi dika uju-mmiri. Echegbula onwe gi mgbe nsogbu-ụwa na-agabiga.

Echegbula onwe gi mgbe ọchichọ gi na-eri uju. Echegbula onwe gi mgbe ndi-enyi gi na-akpọ gi asi. Echegbula onwe gi mgbe ezi-ọlụ gi bụ naani ihe ajụrụ ajụ. Echegbula onwe gi mgbe ọlụ-aka gi bụ naani ihe-mgbagwoju-anya nye ndi ihụrụ n'anya.

Echegbula onwe gi mgbe akọ-na-uche ndi-ọzọ na-agbaso akọ-na-uche gi mgba. Echegbula onwe gi mgbe ọlụ-ọma gi zuru oke na-anabata naani nkwutọ na ajọọ ihe di iche iche, dika ụgwọ-ọlụ.

Echegbula onwe gi mgbe nchegbu onwe gi na-eme ka ezi akọ-na-uche gi bue ọnụ. Nke kachasi, echegbula onwe gi mgbe ezi-ụwa gi na-efu na-njọ. Cheta na Chineke bụ ezi nna. Ya onwe ya pụrụ igbo mkpa gi niile.

Chineke di egwu. Ọdikwa ebube n'ọlụ ya niile. Ọlụ nke aka ya na-agba ama na ọpụrụ ime ihe niile. Ee, Chineke na-emekwa ihe niile. Eze-ndi-eze pụrụ igbo mkpa gi.

Tụkwasi Chineke obi, ọbụna mgbe Ekwensu na ndi-ọlụ ya na-eduru gi jee ije na ndagwurugwu nke nsogbu ụwa niile. Atụla egwu nke ọchichiri ahụ naani tụkwasi Chineke obi.

Ekwela ka mkpụrụ-obi gi maa jijiji mgbe ebili-mmiri nke nsogbu biliri elu, na-alụkwa ọlụ ya. Ghọta, ee, cheta nke ọma na Chineke bụ Onye-nche. Ọpụghi ira gi aka. Ezi-nna-nke-igwe agaghi arapụkwa gi.

Legide obe-nke-onye-ndụ gi anya, mgbe niile…... gaakwa n'iru n'ọlụ gi. Elekwala anya na-azụ. Cheta, n'ezie, na Chineke bụ onye-ndụ-nke-nzọ-ụkwụ gi. Ee, gaakwa n'iru n'ọlụ gi.

Legide Chineke anya, n'oge niile. Legide ya anya n'oge nsogbu……. Legide ya anya n'oge ụwa gi na-agba gburu-gburu. Ee, atụla egwu nke onye-iro, ma-ọli. Ọlụ ya niile, na akọ-na-uche ya jọgburu onwe ya, na-egosi na onye-iro bụ onye-njọ.

Ụwa nkea bụ ihe nsogbu jupụtara n'ime ya.

Ma nsogbu ụwa abụghi ọchichọ nke Onye-kere-ụwa, ma-ọli. Ekwensu bụ onye-okike nke nsogbu niile. Ọbụ naani ya tinyere nsogbu di iche iche n'elu ụwa. Ajọọ ọlụ ya niile na-agba ama na Ekwensu bụ onye mmebi-iwu, na onye nnupu-isi, ọbụna site na mmalite nke ihe niile.

Ya onwe ya bụ onye-iro ahụ, nke na-agbasa ata n'ubi nke onye-ọlụ-ugbo. N'ihi nkea, ata nke onye-iro na-amụba n'etiti mkpụrụ ọma. Ee, ajọọ mkpụrụ ahụ na-amụba karia mkpụrụ-ọma. Ọlụ ha, n'ebe mkpụrụ-ọma di, bụ naani nsogbu.

Chineke kere ụwa nkea, chọọkwa ya mma. Ọlụ ya n'ebe mmadụ nọ na-egosi na ọhụrụ mmadụ n'anya, n'ezie. Nke kasi bụ na onyere mmadụ ndụ na olile-anya. Ee, onyinye kasi onyinye ndia adighi.

Ee, ndụ ka akụ. Olile-anya bụkwa ụzọ nke ndụ ebighi-ebi. Ebe enwere ezigbo olile-anya ka okwukwe, ngọzi, na ihe-ọma di iche iche na-ezokwasi dika uju-mmiri.

Ee, ihe-ọma bụ ọchichọ Chineke nye gi. N'ezie, echegbula onwe gi mgbe Ekwensu na-ebili, dika oke ebili-mmiri. Ọlụ ya jọrọ njọ site n'oge ekere ya rue ebighi-ebi. Ebe ọdi otua, wezuga onwe gi site n'ụzọ ya niile.

Tụkwasi Chineke obi; gaakwa n'iru.

AKỤKỌ-IFE NA ILU NDI-IGBO:

Ife cha-kpii?

Wọọ.

Ife cha-kpii?

Wọọọ.

Nkita nyara akpa?

Nsi agwụ n'ọhia.

Oruru otu ụbọchi, ndi-mmọọ na ụmụ mmadụ nwere esemokwu. Gini kpatara esemokwu n'etiti mmadụ na ndi-mmọọ? Ihe butere esemokwu ahụ bụ na Eze-Dibia na-eme ka ndi nwụrụ anwụ lọọ ụwa ọzọ,

Eze-mmọọ were iwe di ọkụ n'obi, n'ihi na ndi na-alọ ụwa kariri ndi na-anwụ anwụ. Ọchọghi Ihe di otua, n'ihi na okwenyere na ndi di ndụ na-emegbu ya emegbu.

Eze-mmọọ na Eze-Dibia wee nwee nzukọ. Ha wee rịọọ Chukwu na Igwe-Ka-Ala ka ha bia kpere ha udo.

Mgbe Eze-udo abụọ ahụ na ndi nwere esemokwu zukọtara, Chukwu wee kwue ka Eze-mmọọ na Eze-Dibia kọwaa, n'otu n'otu, ihe na-esere ha okwu.

Eze-mmọọ wee bilie, kọwaa na ụmụ-mmadụ na-emegbu ya emegbu. Okwukwara na Eze-Dibia na-enyere ha aka imegbu ya.

Mgbe okwusiri nkea, ọnọdụ ala. Dika Onye-Ikpe nwere nnukwu akọ-na-uche, Igwe-Ụwa-Gburu-gburu, bụ Chukwu, wee kwuekwa ka Eze-Dibia kọwara ha ihe butere esemokwu ahụ.

Eze-Dibia wee bilie, kọwaa na ọbụ Eze-mmọọ bụ onye na-emegbu ụmụ-mmadụ. Owere oke-iwe kwue na okwesighi ka ndi mmadụ na-arapụ ụwa, ma-ọli. Mgbe Eze-mmọọ nụrụ nkea, iwe di ọkụ ejupụta ya n'obi.

"Igwe-ka-Ala, gini bụ uche gi" ka Chukwu, Igwe-Ụwa-Gburu-gburu, jụrụ Igwe-Ka-Ala.

"Eze-Ukwu nke Ụwa na Igwe, ekele ka m na-enye gi, n'ihi ajụjụ gi. Ọbụrụ na ọga-ekwe mee, ana m ariọ ka Eze-Dibia na ụmụ-mmadụ rọpụta otu mmadụ, ma-ọbụ otu anụmanụ, nke na-agba-ọsọ karisia.

Eze-mmọọ ga-arọpụtakwa otu mmọọ, ma-ọbụ otu anụmanụ na-agba ọsọ karisia.

Ha abụọ ga-agba ọsọ site n'otu ogige, rue n'ogige tere aka, nke mụ na gi ga-arọpụta.

Ọbụrụ na ọgba-ọsọ nke ụmụ-mmadụ emerie, Ọnwụ, nke bụ onye-ozi nke Eze-mmọọ ga-akwụsi ikpọga ndi di ndụ n'ala mmọọ.

Ọzọ, ọbụrụ na ọgba-ọsọ nke ndi mmọọ emerie, ọbụrụzie na Ọnwụ ga-alụsi ọlụ ya ike." Otua ka Igwe-Ka-Ala kwuru, n'ọziza ajụjụ ahụ, nke Chukwu jụrụ ya.

Akọ-na-uche di otua wee tọọ Chukwu na Eze-mmọọ na Eze-Dibia ụtọ nke ukwuu.

Chukwu wee nye Eze-mmọọ na Eze-Dibia izu-nta abụọ, ma-ọbụ ụbọchi asatọ, ka ha rọpụta ọgba-ọsọ ha. Ha abụọ wee kwere

Mgbe ụbọchi ahụ ruru, Eze-Dibia na ụmụ-mmadụ wee kpọrọ ezigbo nkita na-agba ọsọ, kpọpụta na mbara ama, dika ọgba-ọsọ ha. Nkita ahụ amalite na-efe ọdụdụ ya, fakpam, fakpam, n'ihi na ụkwụ-ọsọ ya jụrụ ya afọ. Iru-ọchi na obi-añụri ejupụta ụmụ-mmadụ na Eze-Dibia obi.

Mgbe ha hụrụ Maazi Mbekwu, bụ anụmanụ ndi-mmọọ rọpụtara, ha wee malite ichi ya ọchi. Maazi Mbekwu elee ha anya, kwee n'isi, kwue n'ime obi ya na, "onye na-achi onye-ngwọrọ ọchi na-achi onwe ya". Okwukwara na "otule nke na-achọ agbisi okwu na-achọ ka agbisi ahụ gbaa ya".

Oge erue ka Nkita na Mbekwu ahụ malite ọsọ. Ezigbo Nkita ahụ achikapụ ọsọ. N'oge na-adighi anya, ọgbanari Maazi Mbekwu. Ma, Maazi Mbekwu ewere nwayọọ, nwayọọ, na-eje ije ya.

Mgbe Nkita ahụ ruru n'etiti ụzọ, ọnụ isi-nsi di nso n'ụzọ ahụ. Owee kwụsi ọsọ ọna-agba. Okunye isi-nsi ahụ n'ime imi ya. Mgbe ọna-eme nkea, isi-nsi ahụ atọọ ya ụtọ nke ukwụụ.

Olee anya na-azụ ya, ma ọhụghi Maazi Mbekwu. Okpebie n'obi ya na ya ga-abanye n'ọhia ahụ, rachaa nsi ahụ.

Ọbanye n'ime ọhia. Ọhụkwara nsi ahụ, wee malite iracha ya. Ma mgbe ọna-eme nkea, ọnụrụ isi-nsi ọzọ di nso n'ime ọhia ahụ.

N'ezie, nsi na-atọ nkita ụtọ nke ukwuu. Nkita ahụ wee bamie n'ime ọhia ahụ ka ọrachaa nsi nke abụọ. Ee, tutu ọrachaa nsi nke abụọ, ọnụrụ isi-nsi ọzọ, bụ nke di n'ime ọhia karia nke abụọ.

Otua ka nkita ahụ megidere, wee chezọọ ọlụ enyere ya ka ọlụa. Mbekwu erute n'etiti ụzọ ahụ, wee gafee. Ọgagidere ije ya, nwayọọ, nwayọọ, wee buru Nkita ụzọ rute n'ogige ahụ tere aka. Mgbe orutere, ndi-mmọọ na Eze ha enwee añụri di ukwuu.

Mgbe nkea na-eme, Nkita ahụ di nzuzu echeta ọlụ enyere ya ka ọlụa. Owekwara ọsọ di egwu gbapụta n'ime ọhia ahụ.

Mgbe ọgbapụtara n'ụzọ, ọchikapụ ọsọ ọzọ. Ma mgbe ọgbaruru n'ogige ahụ tere aka, ọhụrụ Maazi Mbekwu na ndi-mmọọ ka ha na-ete egwu-mmeri.

Ọzọ, ọhụkwara ọtụtụ ụmụ-mmadụ ka ha na-akwa akwa, ri nne. Ihere di ukwuu wee mee ya. Oweda iru ya n'ala, werekwa ọdụdụ ya fanye n'agbata ụkwụ ya abụọ.

Site n'ụbọchi ahụ, Ọnwụ bụ onye-ozi nke ndi-mmọọ, wee na-alụsi ọlụ ya ike, ikpọrọ ndi di ndụ laa n'ala mmọọ.

ILỤ DI OMIMI (ILU NDI IGBO):

1. Nkee?

   Nkea.

   Nkee?

   Nkea.

   Guzo eguzo, kwụsọ akwụsọ, nọ n'ala achọ-mma?

   Ụkpa, ma-ọbụ ụkpaka.

2. Nkee?

   Nkea.

   Nkee?

   Nkea.

   Gwa m ihe nwere nku, dika nnụnụ, ma ọdighi efe

   ufe?

   Ụlọ.

3. Nkee?

   Nkea.

   Nkee.?

   Nkea.

Gwa m ihe toro ogologo dika osisi, ma onweghi ụkwụ na aka dika mmadụ na anụmanụ?

Agwọ.

4. Nkee?

Nkea.

Nkee?

Nkea.

Onye bụ onye jere mba, na-adighi alọta ọzọ n'ebe amụrụ

ya?

Ozu, ma-ọbụ onye nwụrụ anwụ.

AKỤKỌ-IFE NDI-IGBO:

Ife chaa-kpii?

Wọọ.

Ife chaa-kpii

Wọọọ.

Nkita nyara akpa?

Nsi agwụ n'ọhia.

Oruru otu mgbe?

Otu mgbe erue n'ugwu-ọcha.

Ee, oruru otu ụbọchi, Nwa-ologbo na Oke na Mgwere wee mee enyi. Oke bụ onye-ori. Mgwere bụ onye-udo. Ma, Nwa-ologbo bụ di-nta nke ụwa niile mara aha ya.

    Mgwere adighi achọ esemokwu; n'ihi nkea, ihe ọbụla ndi-enyi ya kwuru, okwere.

    Ndi-enyi atọ ahụ bi n'otu ụlọ. Onye ọbụla n'ime ha nwere akwa-ndina na uko, bụ ebe ọna-edote ihe-oriri ya.

N'abali, Oke arapụ ụlọ, jee ije ya, n'ihi na ọbụ Onye-ori. Izu-ori ya na-eduru ya jee n'usekwu nke ndi agadi nwanyi di iche iche.

Mgbe orutere n'ime usekwu nke otu agadi nwanyi, bụ ebe ojere izu-ori, owere nwayọọ, nwayọọ, banye n'ime mkpọ di n'uko ya. Ọbụkwa nwayọọ, nwayọọ ka Onye-ori ahụ ga-ewere tachaa azụ niile agadi nwanyi ahụ tinyere n'ime mkpọ ya.

Mgbe ọtajuru afọ ya, owere nwayọọ, nwayọọ pụa, laghachi n'ụlọ nke aka ya, bụ ebe ya na Mgwere na Nwa-ologbo bi.

Mgwere na-eri ụmụ-arụrụ di iche iche. Ọna-achụ-nta ha n'ụtụtụ na n'ehihie. Ma, mgbe chi jiri, odinaa ala, rarụ ụra.

Ọbụghi otua ka Nwa-ologbo na-ebi ndụ nke ya. Nwa-ologbo adighi ewere ehihie ararụ ụra, dika Oke. Ọzọ, ọdighi ewere abali ararụ-ụra, dika Mgwere. Kama, Nwa-ologbo na-ararụ ụra, nwa-nti-nti oge, n'ehihie. Ọbụkwa n'ehihie ahụ ka Nwa-ologbo ji achụ nta.

Di-nta, bụ Nwa-ologbo, na-ararụ ụra, nwa-nti-nti oge, n'oge abali. N'ezie, ọbụkwa n'oge abali ka Nwa-ologbo ahụ ji achụ-nta, maka ihe-oriri ya.

Orue otu ụbọchi, Nwa-ologbo wee hụ ka otu agadi nwanyi si echekpọ anụ na azụ ya. Owee jekwuru agadi nwanyi ahụ, riọ ya ka ọkụziere ya ka osi echekpọ anụ na azụ ya.

Agadi nwanyi ahụ wee mere ya ebere. Ọkụzikwara Nwa-ologbo ahụ, ka esi echekpọ anụ na azụ. Ọbụghi naani na agadi nwanyi ahụ kuziri ya ihe ọchọrọ, onyekwara Nwa-ologbo mkpọ, bụ ebe Nwa-ologbo ga-edote anụ ya niile echekpọrọ echekpọ.

Nwa-ologbo ahụ were obi añụri kelee agadi nwanyi ahụ, n'ihi na agadi nwanyi ahụ nyere ya aka n'oge mkpa ya. Obi tọkwara agadi nwanyi ahụ ụtọ, ee, n'ihi na Nwa-ologbo ahụ nwere obi ekele.

Mgbe Nwa-ologbo lọtara ụlọ, owee malite ichekpọ anụ niile ogburu, site n'ichụ-nta ya. Otinyekwara ha n'ime mkpọ ahụ nke agadi nwanyi ahụ nyere ya.

Kwa ụbọchi, owere nwayọọ, nwayọọ na-eri anụ di n'ime mkpọ ya. Mgbe ụbọchi ole na ole gafere, Nwa-ologbo wee kpebie na ya ga-eje ichụ-nta ọzọ. Ọchọkwara ka mkpọ ya jupụta na-anụ echekpọrọ echekpọ. Owee jikere, n'etiti abali, wee jee ichụ-nta.

Mgwere nọ n'ime akwa-ndina ya, n'oge Nwa-ologbo na-arapụ ụlọ, maka ichụ-nta. Ma, Oke anọghi n'ụlọ, n'ihi na ojere izu-ori.

N'etiti abali, Oke wee si ebe ojere lọta. Isi anụ di n'ime mkpọ ahụ abanye n'imi ya. Olee anya gburu-gburu, ọhụ na Maazi Mgwere na-ararụ naani ụra. Ọhụkwara na Nwa-ologbo anọghi n'ụlọ. Oke ewere nwayọọ, nwayọọ, rigoro n'ime mkpọ ahụ. Ọmalite ita anụ ahụ echekpọrọ echekpọ.

Mgbe ọtajuru afọ ya, owekwara nwayọọ, nwayọọ ridata n'ala, jeekwa n'ime akwa ndina ya, wee dinara, rarụkwa ụra.

Mgbe Nwa-ologbo lọtara ichụ-nta n'ụtụtụ, ọmalite ichekpọ anụ niile ogbutara, site n'ichụ-nta. N'oge n'adighi anya, ọchọpụtara na ụfọdụ n'ime anụ otinyere n'ime mkpọ ya efuwo. Ihe ahụ wee gbagwojue ya anya.

Ọmalite ikụ-aka n'arụ mkpọ ya; ma ọkpụrụkpụ anụ ọbụla esighi n'arụ mkpọ ya dapụta. Olee anya gburu-gburu, chee echiche. Owere oke-iwe jekwuru Oke na-ararụ ụra. Owekwara oke-olu kpọtee Oke ahụ n'ụra ya.

"Oke, enyi m, ọbụ gi were anụ m tinyere n'ime mkpọ? Za m ugbua" otua ka Nwa-ologbo juru Oke ajụjụ, n'oke-iwe.

"Ezigbo enyi m, ọbụrụ na mụ na-achọ anụ mụ ga-ata, gini ga-eme ka m rapụ iriọ gi n'aririọ? Biko, jụọkwa Mgwere, n'ihi na omume ya n'ime ụlọ nkea di mụ mgbagwoju anya" ka Oke zara ya.

"Ina-ekwu na Mgwere bụ onye-ori?" ka Nwa-ologbo jụghachiri Oke ahụ n'ajụjụ ọzọ.

"Maazi Nwa-ologbo, gini ka m ga-ekwu? Ina-achọ ka m bụrụ onye-na-agba-ama n'ebe onye-agbata-obi anyi nọ? Biko, etinyelam n'ime nsogbu" bụ ọziza Oke zara Nwa-ologbo.

"Ebe ọdi otua, aga m akụwa ya anya. Agaghi m ekwe ka onye-ori bụrụ onye agbata obim. Mba. Agaghim ekwe ka ihe di otua mee ma-ọli"….. ka Nwa-ologbo kwuru n'oke iwe.

"Biko, egbukwala onye-agbata-obi mụ na gi" ka Oke zaghachiri Nwa-ologbo.

"Mba, mba, mba. Onye-ori agaghi abụ onye agbata obim……." ka Nwa-ologbo kwuru.

Mgbe Mgwere lọtara n'ụlọ, Nwa-ologbo ejekwuru ya. Ọfọdụrụ naani ihe nta ka ọmaa Mgwere ụra.

"Maazi Mgwere, gini mere isi zuom ori?' bụ ajụjụ Nwa-ologbo jụrụ Mgwere.

"Aa! Di-nta Nwa-ologbo, gini ka ina-ekwu? Biko, ebokwalam ebubo-ụgha ọzọ" Iwe di egwu ejupụta Mgwere n'obi.

"Oke kwuru na ọbụ gi takọrọ anụ niile mtinyere n'ime mkpọm" ka Nwa-ologbo zaghachiri Mgwere.

"Naani arụrụ ka m ji eme ihe-oriri. Anaghi m ezu-ori. Biko, kpọọ Dibia-aja ka mụ na Oke dụọrọ gi isi, n'ihi na ebubo-ụgha nkea akariala" bụ okwu Mgwere zara ya. Mgbe Mgwere ahụ na-agọrọ onwe ya, Maazi Oke apụta.

"Gini ka ina-ekwu? Ahụrụm gi n'oge ina-ariba n'ime mkpọ ahụ. Kwue ezi-okwu ugbua, n'ihi na ahụrụ m gi" otua ka Oke bogidere Mgwere ebubo-ụgha, n'iru Nwa-ologbo.

"Ewo! Nke ahụ bụ okwu-ụgha si n'ụlọ mkposi pụta. Ọbụrụ na ọbụ gi tara anụ ahụ, kwupụta ya. Nwa-ologbo aghaghi igbaghara gi. Ibo mụ ebubo ụgha agaghi enyere gi aka, ma-ọli" ka Mgwere kwuru, n'ọziza ya.

Nwa-ologbo elee ndi-enyi ya abụọ anya. Oke-iwe ejupụta ya n'obi. Ochee echiche ihe ọga-eme. N'oke iwe, olee ha anya ọzọ, wee kwue:

"Otu n'ime unu abụọ tara anụm. N'ezie, ọbụkwa otu n'ime unu abụọ na-ekwu ezi-okwu.

Site ugbua gaa n'iru, unu abụa abụrụla ndi-iro m. Aga m emechi anya m nwa-nti-nti oge, wee mepeekwa ya. Ọbụrụ na unu abụọ agbafughi agbafu mgbe mụ mepere anya m, ọbara unu ga-adi n'isi unu" ka Nwa-ologbo kwuru n'oke iwe ya.

Site n'ụbọchi ahụ gaa n'iru, Nwa-ologbo amalite ichụ-nta Oke na ichụ-nta Mgwere. Ee, mgbe ogburu Oke ma-ọbụ Mgwere, ọna-ewere anụ ya eme ihe-oriri.

Ọna-eme nkea dika ihe-ncheta na ugwọ ya, n'ihi anụ ya niile echekpọrọ echekpọ, nke onye-ori zukọrọ, tachasia.

ILU NDI-IGBO:

5. 5. Nkee?

Nkea.

Nkee?

Nkea.

Gwa m ike-nkwụ chara acha, nke ogbu-nkwụ hụrụ n'ime ọhia, ma ojighi mma ọga-eji gbue ya?

Ọziza: Ọbụ agbọghọ mara mma nwa-okoro hụrụ n'ụzọ, ma onweghi ego ọga-eji lụa ya.

AKỤKỌ-IFE NDI-IGBO:

Ife chaa-kpii?

Wọọ.

Ife chaa-kpii?

Wọọ.

Oruru otu mgbe?

Otu mgbe erue n'ugwu-ọcha.

Ee, ndi ebe anyi: Oruru otu ụbọchi?

Otu ụbọchi abọọ n'ugwu-ọcha.

Nnekwu Ọkụkọ rapụ chọkọ m, chọkọ m?

Ihe oji azụ-ụmụ ya arapụkwa ya.

Awọ gbaa ọsọ n'ehihie?

Ọha-na-eze amara na ihe kariri nte banyere n'ime ọnụ ya.

Ahaa! Nkita nke Di-nta nwere, nyara akpa Di-nta, rapụ ụlọ ya?

Ọziza: Nsi niile anyụrụ n'ime ọhia agwụsia

Ọzọ, oruru otu mgbe?

E, otu mgbe erue n'ugwu-ọcha.

Nkea bụ akụkọ-ife. Isi-akụkọ nkea bụ EZE ỤMỤ-ANỤMANỤ NIILE.

Oruru otu ụbọchi, ụmụ-anụmanụ niile wee gbakọọ, irọpụta onye ga-abụ Eze ha. Mgbe ha na-eme nkea, Maazi Enyi ebilie, kwue na ọbụ ya kwesiri ibụ Eze ụmụ-anụmanụ niile.

"Lee m anya. Eburu m ibu nke ukwuu, karia anụmanụ niile". Otua ka Maazi Enyi malitere, n'ikwu okwu ya, na mbara ama.

"Chere. Chere, Maazi Enyi. Gini ka ina-eche na ina-eme? Tutu gi ebulie onwe gi elu karia, ina-achọ ka anyi niile kwenye ugbua na iburu-ibu bụrụkwa dike?" ka Maazi Ọdụm jụrụ Maazi Enyi.

"Eburu m ibu, nweekwa ume nke ukwuu. Onweghi anụmanụ nwere ihe ndia karia m. N'ihi nkea, ọbụ m ga-abụ Eze unu niile" ka Maazi Enyi zara Ọdụm.

Mgbe Maazi Enyi na-aza ajụjụ ajụrụ ya, Maazi Mbekwụ wee lee ya anya. Ofee isi ya, kpaka, kpaka, wee welie aka-nri ya elu.

Onye-isi-Oche wee jụa Mbekwụ ajụjụ si:

"Maazi Mbekwụ, gini ka ina-achọ ikwu?"

"Ezigbo enyi m Enyi, ọbụrụ na ina-achọ ka m kwue okwu ebea, ana m achọ ka ighọta na izataghi ajụjụ ajụrụ gi ma-ọli. Ọzọ, ka ighara ichefu, ibu-ibu abụghi inwe amamihe.

N'ezie, amamihe di mkpa n'ihe ọbụla nke mmadụ, ma-ọbụ anụmanụ, na-eme" otua ka Maazi Mbekwu kwuru.

Maazi Ele elee Maazi Mbekwu anya, kwee n'isi, ghọta na okwu okwuru bụ ezi-okwu.

"Anyi na-achọ anụmanụ nke ga-ewere obi di nwayọọ chia anyi niile" otua ka Maazi Ele kwuru n'obi di nwayọọ.

"Ọbụkwa unu niile nụrụ ihe Maazi Ele kwuru? Ọbụ m kwesiri ibụ Eze ụmụ-anụmanụ. Ee, ụmụ-nna m, ọbụ nwayọọ, nwayọọ ka m ji eje ije. Ee, ọbụkwa naani nwayọọ, nwayọọ ka mụ onwe m ji alụ ọlụ ọbụla chere m n'iru". Ka Maazi Mbekwu kwuru.

Mgbe okwuchara okwu ndia, iwe di ọkụ amalite iwe Maazi Enyi na Maazi Ọdụm.

"Ọbụghi naani amamihe ka eji achi obodo. Ọbụrụ na idighi-ike, ụmụ-mmadụ, bụ ndi na-achunta, ga-abia ebea, wee were ụta, akụ, na egbe ha, gbagbue anyi niile.

Naani m di ike karia unu niile. N'ihi nkea, ọbụ m ga-abụ Eze unu niile". Otua ka Ọdụm kwuru n'ọgbakọ nke ụmụ-anụmanụ niile.

Tutu Ọdụm ekwuchaa okwu ọna-ekwu, Maazi Agụ ewelie aka ya elu. Mgbe Onye-isi-oche gwara ya ka okwue okwu, Maazi Agụ ebilie. Olee Maazi Ọdụm anya. Olekwara Maazi Mbekwu na Maazi Enyi anya, wee chia ha ọchi.

"Ezigbo ụmụ-anụmanụ niile, ana m ekele unu niile ekele. Unu niile anuwo ihe Maazi Mbekwu kwuru.

Unu n'ụkwara ihe Maazi Enyi kwuru. Ee, mụ na unu nụrụ okwu niile Maazi Ọdụm kwuru n'ọgbakọa.

Unu niile matara, n'ezie, na Mbekwu di nwayọọ, nweekwa nnukwu amamihe. Ma, amamihe na idinwayọọ ya nwere ezi ntọ-ala n'aghụghọ di egwu.

Ọdụm kwuru na ya di-ike. Ee, Ọdụm di ike n'ezie. Ụmụ-anụmanụ ibem, uru gini ka idi-ike ya bara anyi niile, mgbe ọna-ewere ya atagbu ụmụ-anụmanụ ndi ọzọ?

Anyi ghọtara na ibu-ibu abaghi uru, ma-ọbụrụ na ima-mma, idi-ike na ezi akọ-na-uche adighi n'ime ya. Ma ugbua, ana m ekwe unu niile nkwa: Ọbụrụ na unu niile arọpụta m dika Eze, agaghi m ewere ezem na mbọm gbue ụmụ-anụmanụ ibem ọzọ. Kama, aga m ewere ha na-echedo ụmụ-anụmanụ niile.

Unu niile ghọtara na atụrụ m agwa, maakwa mma. Mgbe unu mere ka m bụrụ Eze unu, aga m ariọ nwunyem, bụ Odozi-akụm, ka ogwee uri mara mma karisia.

Mgbe omesiri nkea, aga m ewere uri ahụ tee na-arụ ụmụ-anụmanụ niile. Nkea ga-eme ka ụmụ-anụmanụ niile maakwa mma, karia ka ha di na mbụ". Otua ka Maazi Agụ kwuru, n'iru ụmụ-anụmanụ niile.

Mgbe Agụ kwuchara okwu si n'ọnụ ya, Maazi Eke ewelie isi ya elu, kwue na ya nwere okwu nke ya. Tutu Onye-isi-oche enye ya ikike ka okwue okwu, Maazi Eke amalite ikwu okwu nke ya:

"Ụmụ nna m na ụmụ nne m, ezigbo Eze nke ụmụ-anụmanụ ekwesighi inwe ụkwụ na aka. Ihe ndia ka-eji mara ụmụ mmadụ, n'ihi na ụmụ-mmadụ bụ naani ndi-iro nke ụmụ-anụmanụ niile.

Inwe ụkwụ na aka bụ ihe-arụ; n'ihi nkea, ana m ariọ ka anyi niile nwee mkpebi: Ka egbupụ ụkwụ na aka nke ụmụ-anụmanụ niile.

Onweghi ihe di mma karia anụmanụ iji afọ ya aga-ije. Ụkwụ bụ ihe rụrụ arụ. Aka bụkwa ihe rụrụ arụ.

Biko, ka anyi tikọtakwa isi-na-ọdụdụ anyi niile n'ọfọ, kwenye na naani mụ onwem ga-abụ Eze unu niile. Biko ụmụ-nne m na ụmụ-nna m, meenụ otua.

Biko, achọkwara m ka ụmụ m na ụmụ-ụmụ m bụkwara Eze unu niile, n'ọgbọ ha" otua ka Maazi Eke kwuru tutu ọkụdata isi ya n'ala.

"Okwu di nzuzu ka okwu ndi ahụ niile bụ" ka Maazi Agụ zaghachiri Maazi Eke.

"Bia, Agụ, isi-gini?" Eke wee nwee mgbarụ iru n'ihi okwu ahụ Agụ kwuru.

"Eke di nzuzu, n'ezie; ya mere, ihe ọga-eji nwee ụkwụ na aka, owere ya too naani ogologo n'abaghi uru" ka Maazi Enyi zara Eke.

"Ọbụ ezi-okwu. Eke di nzuzu karia. N'ihi na onweghi ụkwụ na aka, eleghi anya, ọna-eche na anyi niile di nzuzu dika ya onwe ya. Leenụ onye-nzuzu di otua; ọna-eche na ụkọ ụkwụ na aka ga-eme ka ọbụrụ Eze ụmụ-anụmanụ niile. Naani ndi-nzuzu ga-eme ya Eze" ka Maazi Agụ-iyi kwuru.

Esemokwu di egwu wee dapụta n'etiti ụmụ-anụmanụ. Igba-mgba na ilụ-ọgụ adapụtakwa.

Maazi Eke ebilie, makuru Agụ, luso ya ọgụ. N'oge ha na-alụ ọgụ, Ọdụm abiarue ha nso, ka oboo ha ọgụ. Ma mgbe ọna-eme nkea, Maazi Eke arapụ

Agụ; n'otu ntabi anya, Maazi Eke amalite iluso Maazi Ọdụm ọgụ.

Iwe di oke-egwu ewee Maazi Enyi. Owere imi ya toro ogologo fụa opi, ka Ọdụm na Eke kwụsi ilụ-ọgụ ahụ. Mgbe Ọdụm n'ụrụ opi ahụ, ya agbaba ọsọ, gbaba n'ime ọhia. Ma Eke ahụ atụgharia makuru Agụ-iyi, lusokwa ya ọgụ.

Maazi Enyi afụa opi ya ọzọ. Tutu Enyi akwụsi ifụ opi ya, Maazi Agụ-iyi achikapụ ọsọ, gbaba n'ime oke-osimiri.

Otua ka Maazi Enyi fugidere opi ya, rue mgbe Eke ahụ chụpụchara ụmụ-anụmanụ niile.

"Ugbua ọfọdụrụ mụ na gi, gini ka iga-eme?" otua ka Maazi Enyi jụrụ Eke n'ajụjụ.

Maazi Eke elee Maazi Enyi anya, fee isi ya fekefeke, n'ihi na Enyi ahụ kariri ya n'ụzọ niile. Owekwara nwayọọ, nwayọọ riba n'ime ọhia…… n'ihi na ọchọghi ka Enyi ahụ zọgbue ya.

NKITA MARA IZU NA NWA-AGBỌGHỌ DI NZUZU:

N'ezie, akụkọ abụọ ndia bụ ihe mere eme: N'obodo ndi-ọcha, otu nwoke nọ, bụ onye nwere ezigbo nkita azụrụ azụ.

Ezigbo nkita ahụ na-echedo ụlọ ya, karia ndi-nche akpọrọ ọlụ. Ezi-ọlụ ya bụ ihe ndi-agbata-obi nwoke ahụ mara nke ọma.

Orue otu ụbọchi, ndi na-eji egbe aga-ori abia ileta nwoke ahụ n'etiti abali. Nwayọọ, nwayọọ ka ndi-ori atọ sitere n'azụ-ụlọ ya bata ụlọ nwoke ahụ.

Ka nkea na-eme, ezigbo nkita nwoke a ebilie, malite igbọ-ụja. Tutu nwoke ahụ esite n'akwa ndina ya bilie, nkita ya amakuru otu n'ime ndi-ori ahụ, jigide ya n'ala, na-atakwa ya ka ọtagbue.

Ka ndi-ori abụọ, bụ ndi fọdụrụ hụrụ ihe na-eme, ha amalite igba-ọsọ ndụ. Onye nwe-ụlọ apụta, werekwa igwe eji akpọ-oku, wee kpọọ ndi-uwe-ojii, ka ha bia.

Ee, n'oge na-eteghi-aka, ndi-uwe-ojii agbakọọ n'ụlọ ya. Ha ewere igwe-nga tinye onye-ori ahụ n'aka ya abụọ. Ha adọkpụrụ ya tinye n'ime ụgbọ-ala ha, burukwa ya jee n'ụlọ mkpọrọ, bụ ebe ana-etinye ndi mmebi-iwu.

Ụbọchi ole na ole wee gafee. Ezigbo nkita ahụ amalite igbọ-ụja n'oge igwe-oge na-akụ elekere anọ nke ụtụtụ. Ọzọ, onye-nwe-ụlọ esite n'ụra na-atọ ya ụtọ bilie.

Ka ọna-ebili, ọhụrụ na anwụrụ-ọkụ jupụtara n'ebe niile, n'ụlọ ya. Owerekwa igwe eji akpọ-oku kpọkwa ndi-uwe-ojii.

N'ezie, n'oge na-adighi anya, ndi ọlụ ha bụ ikụda ọkụ-na-agba-ụlọ agbakọọ n'ụlọ nwoke ahụ. Ha na ndi-uwe-ojii soro bia, n'ebe ahụ.

Ndi na-akụda ọkụ-na-agba-ụlọ, mere ọsọ-ọsọ, were mvuvu na mmiri-oyi, malite ọlụ. Ee, mvuvu ha ka ụfọdụ n'ime ha were rigoro n'elu ụlọ ahụ nke na-agba-oku.

Site n'elu ụlọ ahụ ka ha were mmiri-oyi kunyụa ọkụ ụfọdụ nke na-agba ụlọ nwoke ahụ. N'oge na-adighi anya, ọkụ ahụ niile wee nyụa.

Onye nwe ụlọ ahụ enwee nnukwu añụri n'obi, n'ihi ihe ezigbo nkita ahụ mere ya. Ugbua, nwoke ahụ amalite inye ezigbo nkita ya otito, n'ihi na obi di ya ụtọ.

"Nkita nkea bụ mmọọ-ozim. Gini ka m ga-eme n'ụwa nkea ma-ọbụrụ na mmọọ-ozim anọnyereghim?" ka nwoke ahụ kwuru n'obi añuri.

Ka nwoke ahụ na-enye nkita ya otito, nkita ahụ enwee mwute n'obi. N'obi iri-uju, nkita ahụ agbaba ọsọ. Ojekwara n'otu akụkụ, nke di n'ụlọ onye nwe ya, wee n'ọdụ ala, dika onye emegburu emegbu.

Nwoke ahụ wee nwee mgbagwoju anya. Ma, otu n'ime ndi na-akụda ọkụ na-agba ụlọ ghọtara akọ-na-uche nkita ahụ.

"Gini bụ aha nkita gi?" bụ ajụjụ nwoke ahụ, nke ghọtara akọ-na-uche nke nkita, jụrụ onye-nwe-nkita.

"Aha ya bụ Kpakpando ọma" ka onye nwe-ụlọ, nweekwa nkita, zaghachiri ya.

"Kpakpando ọma, kpakpando ọma" nwoke ahụ na-akụda ọkụ-na-agba ụlọ malitere ikpọ nkita ahụ.

Nwayọọ, nwayọọ ka nkita ahụ were lọghachi.

"Ọbụ gini na-ewe nkitam iwe?" Ka onye nwe ụlọ jụrụ nwoke ahụ.

"Ọbụ gi kpasuru nkita gi iwe" bụ ọziza nwoke ahụ zara ya.

"Mụ? Kedụ ka m si kpasue ya iwe? Nkita nkea bụ

ezigbo Mmọọ-ozim….'' Ka ọna-ekwu nkea, nkita ya agbọọ ụja di mwute.

Nkita ya wekwara mwute gbaba ọsọ, Ojee n'ọdụ ala n'ebe di nzuzo, dika onye na-eri uju.

"Ihụla ya? Ihapụrụ ikpọ nkita gi ihe bụ aha ya, wee na-akpọ ya ihe ọzọ. Ọbụ naani gi kpasuru ya iwe. Ọbụrụ na ichọrọ ka gi na nkita gi wee di n'udo, ighaghi ikwusi ikpọ ya Mmọọ-ozi. Ee, Mmọọ-ozi abụghi aha ya" ọziza ahụ mere ka onye-nwe-ụlọ ghọta na nkita ya hụrụ aha nke aka ya n'anya karia otito efu, n'ezie.

"Ugbua, aghọtawo m ihe merenụ. Agaghi m akpọ ya Mmọọ-ozi m ọzọ". ka okwuru.

AKỤKỌ BANYERE NWANYI DI NZUZU:

Akụkọ nkea bụkwa ihe mere eme. Ọbụkwa ihe mere eme n'obodo anyi.

Otu nwa-akwụkwọ nọ, bụ agbọghọ mara akwụkwọ nke ukwuu. Ma, ezi akọ-na-uche bụ ihe kọrọ ya.

Orue otu ụbọchi, nwa-agbọghọbia ahụ na ezigbo enyi ya enwee mkpebi na ha abụọ ga-eje ebe ana-enwe oriri na ọñụñụ. Ihea bụ ihe mere eme n'ebe ana-akpọ legọọsi, n'obodo anyi. Ee, ụbọchi ha kara-aka wee rue, nwa-agbọghọ ahụ wee jee n'ebe enyi ya.

Ụmụ-agbọghọbia abụọ ahụ na-eje akwụkwọ, n'otu ụlọ-akwụkwọ, bụ ụlọ-akwụkwọ nke kachasi elu. Ma, ha abụọ bikwa n'ụlọ di iche iche, n'ụlọ akwụkwọ ha.

Ka nwa-agbọghọ ahụ na-enweghi uche na-eme njikere, owerekwa igwe eji-akpọ oku wee kpọọ enyi ya.

"Nye m nkeji ole na ole" ka ezigbo enyi ya zara ya.

"Aga m eguzoro n'iru ụlọ gi, chere gi. Inụrụ? Biko, mee ọsọ-ọsọ" ka nwa-agbọghọ akọ-na-uche kọrọ, kwuru.

"Anụla m. Nye m nkeji abụọ, n'ihi na ana m asa ahụ. Aga m asa ahụ ọsọ-ọsọ" ka enyi ya zaghachiri ya.

Ka nwa-agbọghọ ahụ guzo n'iru ụlọ nke enyi ya, ma lee, nwa-okorọbia agbara ụgbọ-ala ya bia kwụsi n'iru ya. Nwoke ahụ mara mma, yirikwa uwe di oke-ọnụ-ahia.

Ụgbọ-ala ya bụkwa ihe makwara mma, n'ihi na ọbụ ụgbọ-ala di oke ọnụ ahia.

"Ahaa! Ọmalicha m; biko, ezigbo mmọọ-ozi m, bia ebea ka mụ na gi kpaa nkata" owee chia ọchi mara mma nye nwa-agbọghọbia ahụ.

N'otu ntabi anya, nwa-agbọghọbia ahụ echezọ enyi ya na-eme njikere. Owee jee n'ebe nwoke kpọrọ ya oku nọ.

"Ezigbo mmọọ-ozi m, bata n'ime ụgbọ-ala mụ na gi, ka anyi kpaa nkata" ka nwoke ahụ kwuru.

Nwa-agbọghọ ahụ echefue onwe ya. Ọbanyekwa n'ime ụgbọ-ala nwoke ahụ. Oge ọbanyere n'ime ụgbọ-ala ya, olee anya ya gburu-gburu. Ọhụrụ na oche niile di n'ime ya mara mma. Ha niile na achakwa gere-gere dika ọbara eju di ndụ.

Ugbua, ya echefue onwe ya karisia. Ochefukwara ezi enyi ya nwanyi, na ebe oriri-na-ọñụñụ, bụ nke ha kwadebere ije.

Ugbua, akọ-na-uche ya niile bụ naani ihe nwere ezi-ọnọdụ n'aka nwoke ahụ. Dika ijiji nke na-enweghi uche, naani ima-mma nke ọnya-udide bụ ihe tinyere ndụ ya n'aka ọnwụ.

Ugbua, echiche ya bụ ihe dikwa n'ime ima-mma nke aha-ọma ahụ niile, bụ nke nwoke ahụ di

aghụghọ, kpọrọ ya. Okwenyekwara na ya onwe ya bụ "Ọmalicha" na "ezigbo Mmọọ-ozi".

Ezigbo aha ahụ, bụ nke nkita nwere amamihe, n'obodo ndi-ọcha jụrụ ajụ, bụ ihe nwa-agbọghọbia ahụ, bụ onye-ojiji, makuru dika onyinye-nke-igwe.

Mgbe enyi ya nwanyi si n'ụlọ ya na-apụta, ọhụrụ ka nwoke ahụ na enyi ya na-akwọpụ ụgbọ.

"Ọbụ gini bụ nkea?" ka ọjụrụ onwe ya. Ọsọ-ọsọ,

owekwara igwe-eji-akpọ-oku wee sere onyinyoo

ụgbọ-ala na ọnụ-ọgụgụ ụgbọ-ala ahụ. Omere otua, n'ihi na anaghi ama-ama.

Ọzọ, owerekwa igwe ahụ eji akpọ oku malite ikpọku enyi ya.

"Mụ na enyi m ga-alọghachi n'oge n'adighi anya. Chere m" bụ ọziza nwa-agbọghọ ahụ ezi-akọ-na-uche kọrọ, zara ya.

"Aghọtaghi m ihe nkea imere. Gini bụ aha enyi gi? Ebee ka unu na-eje?"

"Amaghi m aha ya……."

"Imaghi aha ya? Isi ọdikwa gi mma?

Onye isi ya zuru oke agaghi eme……."

"Enyekwala m mkpari ugbua. Asiri m gi chere anyi……"

"Chere unu?"

"Ee, chere anyi"

Ezi enyi ya chegidere ha, chi ejie. Ma ha alọghachighi. Ụbọchi atọ wee gafee, ma nwa-agbọghọ ahụ onye-ụgbọ buru alọtaghi.

Ezi-enyi ya wee kọrọ ndi-isi nke ụlọ-akwụkwọ ahụ ihe merenụ. Ozikwara ha onyinyọọ ụgbọ-ala ahụ, bụ nke ejiri buru enyi ya.

Ndi-isi-nke-ụlọ-akwụkwọ ahụ wee were onyinyoo ụgbọ-ala ahụ jee n'ụlọ ndi uwe-ojii. Ee, ndi uwe-ojii mekwara nnyocha n'ebe onye nwe ụgbọ-ala ahụ. Ha chọpụtakwara ebe obibi ya.

Oge ha chọpụtara ebe obibi ya, ha wee zipu ndi-ọlụ ole na ole ka ha jee jide nwoke ahụ.

Mgbe ndi-ọlụ ahụ rutere n'ebe obibi nwoke ahụ, ha wee kụa aka n'ọnụ-ụzọ ya. Ma, onweghi onye tụpụrụ ha ọnụ.

N'oke iwe, ha wee were igwe-di-ike kụhee ọnụ-ụzọ ahụ. Mgbe ha banyere n'ime ụlọ nwoke ahụ, ha hụrụ ozu nwoke ahụ ka ọtọgbọrọ n'ala.

Ọzọ, ha hụkwara akwụkwọ-ozi nke nwoke ahụ dere. N'ime akwụkwọ-ozi ahụ ka ajọọ mmadụ ahụ kwupụtara mmehie ya.

Ọkọwakwara otu osiri rafue nwa-agbọghọ nwanyi ahụ. Okwukwara, n'akwụkwọ-ozi ya, otu osiri gbue nwa-agbọghọbia ahụ, sie anụ ya, taakwa imeju na ụkwụ na aka ya.

Okwukwara na ya tinyere afọ na isi nwa-agbọghọbia ahụ n'ime igwe ntụ-oyi. Mgbe ndi uwe-ojii mepere igwe ntụ-oyi ya, ha hụkwara ihe ndia niile.

OKWU NA NKỌWA YA N'ASỤSỤ ABỤỌ:

	OKWU IGBO	ASỤSỤ OYIBO.
1.	Ohoghoho	Alzheimer.
2.	Nzuzu	Foolish or Foolishness.
3.	Amamihe.	Wise or Wisdom.
4.	Onye-nkụzi	Teacher.
5.	Ode-akwụkwọ	Author or writer.
6.	Dibia	Doctor.
7.	Onye uwe-ojii	Policeman.
8.	Ọgba-egwu	Dancer.
9.	Ụmụ-akwụkwọ	Students.
10.	Oti-ọkpọ	Boxer.
11.	Onye-ara	Mad person or crazy fellow.
12.	Mbara igwe	Open-sky.
13.	Ihe	Light.
14.	Ọchichiri	Dark or darkness.
15.	Nnụnụ	Bird.
16.	Ugo	Eagle.
17.	Udele	Vulture.

18.	Égbé	Hawk.
19.	Égbē	Gun.
20.	Ényí	Elephant.
21.	Ényī	Friend.
22.	Chọọrighiri	Raven.
23.	Ọkụkọ	Chicken.
24.	Ọchicha	Roach or cockroach.
25.	Ngele-ngele	Praying mantis.
26.	Mpere	Bat.
27.	Okwụkwụ	Owl.
28.	Ụsụ	Giant bat.
29.	Ọsa	Squirrel.
30.	Uze	Tiger-squirrel.
31.	Agwọ	Snake.
32.	Éké	Python.
33.	Ajụ-ala	Viper.
34.	Nkwụ	Palm tree.
35.	Osisi	Tree.
36.	Akwụkwọ-nsọ	Holy Bible.
37.	Egwurugwu	Rainbow.
38.	Kpakpando	Star.
39.	Ọnwa	Moon.
40.	Anyanwụ	Sun.
41.	Ụmi	Marrow.
42.	Ụmi-ọkpụkpụ	Bone marrow.
43.	Ọkpụkpụ	Bone.
44.	Orobụba	Butterfly.
45.	Igwe-oge	Clock or wrist-watch.
46.	Ala	Soil or land.

47.	Ubi	Farm.
48.	Ahihia	Grass.
49.	Nsi	Excreta or human waste.
50.	Akpala	Bird's excreta.
51.	Ụbụrụ-isi	Brain in the head.
52.	Ókú	Fire.
53.	Ókū	Bowl made of clay.
54.	Ọzara.	Desert.
55.	Ụlọ	House.
56.	Ụlọ-elu	High-rise building.
57.	Usekwu	Kitchen.
58.	Ụdara	Star apple or African apple.
59.	Afụfa.	Garden egg.
60.	Olugbu.	Bitterleaf.
61.	Tuutu / Isam	Periwinkle.
62.	Eju	Snail.
63.	Alaghala	Centipede.
64.	Esu	Milipede.
65.	Ayiya.	Crayfish.
66.	Oporo	Lobster.
67.	Nsikọ	Crab.
68.	Ázū	Fish.
69.	Ázú	Back or behind.
70.	Mmiri	Water.
71.	Íkó	Cup.
72.	Íkō	Adultery or fornication.
73.	Ikwa-Íkō	To commit adultery.
74.	Agụ-iyi	Crocodile.
75.	Ikpere	Knee.

76.	Ikpere arụsi	Idol worship.
77.	Arụsi	Idols.
78.	Mbe/Mbekwu	Tortoise.
79.	Agụ	Tiger.
80.	Ọdụm	Lion.
81.	Nkita	Dog.
82.	Oke	Rat.
83.	Nwa-ologbo	Cat.
84.	Osisi	Tree.
85.	Okoko-osisi	Flower.
86.	Ézé	Tooth.
87.	Ézē	King.
88.	Eze-nwanyi	Queen.
89.	Oche	Chair.
90.	Oche-eze	The Royal Throne.
91.	Akwụkwọ	Book.
92.	Chineke	God.
93.	Mmọọ-ozi	An angel.
94.	Onye-nkụzi	A teacher.
95.	Onye-isi-oche	Chairperson.
96.	Elu-igwe.	Heaven.
97.	Ọkụ-mmọọ	Hell fire.
98.	Mmọọ-ọjọọ	Demon.
99.	Okwukwe	Faith.
100.	Olile-anya	Hope.
101.	Ntụkwasi-obi	Trust.
102.	Ukwe	Song.
103.	Ābú	Hymn.
104.	Ábū	Sore or rotten wound.

105.	Mmiri-ozuzo	Rain.
106.	Ekpo	Masqurade.
107.	Enyo	Mirror.
108.	Onyinyoo	Image.
109.	Mkpara	Walking cane.
110.	Onye-ocha	White man.
111.	Bekee	White person.
112.	Oyibo	White folk.
113.	Onye-ojii	Black person.
114.	Akata	Black American.
115.	Nwata	A child.
116.	Ezi	Pig.
117.	Anu-ohia	Wild animal.
118.	Ezigbo	Dear.
119.	Ezigbo m	My dear.
120.	Mbara ama	Public Square.
121.	Udide	Spider.
122.	Agbisi	Stinger.
123.	Anwunta/Anwuta	Mosquito.
124.	Ijiji	Fly.
125.	Ijere	Soldier-ant.
126.	Okpokoro	Table.
127.	Ulo-akwukwo	School or school building.
128.	Ulo-uka	Church building.
129.	Ekpere	Prayer.
130.	Nri/Ihe-oriri	Food.
131.	Nkeji	Minute.
132.	Elekere	Hour.
133.	Ugwu	Mountain or hill.

134.	Uzo	Road, Way or Path.
135.	Ndagwurugwu	Valley.
136.	Ndu	Life.
137.	Obara	Blood.
138.	Onwu	Death.
139.	Ego	Money.
140.	Igwe-ojii	Cloud.
141.	Igwo-nsi	Witchcraft.
142.	Izu-ori	Thievery.
143.	Ekworo	Jealeousy.
144.	Anya-ukwu.	Envy.
145.	Ikpo-asi	Hate or hatred.
146.	Ihu-n'anya	Love.
147.	Obi-ebere	Merciful.
148.	Inye-aka	Helpful.
149.	Igba-ama	Witnessing.
150.	Ije	Journey
151.	Oganiru	Progress.
152.	Ogwugwu	End or Ending.
153.	Mmalite	Beginning.
154.	Ogwusiwo	It's finished.
155.	Akpiri ikpo-nku.	Extreme thirst.
156.	Agiri-isi/Ntutu-isi	Hair.
157.	Onu-ogugu	Numbers.
158.	Nkpuru-okwu	Alphabets.
159.	Iwuli-elu	Jumping.
160.	Ije-ije	Walking.
161.	Igba-oso	Running.
162.	Igwu-mmiri	Swimming.

163.	Ife-ufe	Flying.
164.	Ede	Cocoyam.
165.	Ji	Yam.
166.	Ọnọ	Tri-leaved yam.
167.	Ụgbọghọrọ	Fluted pumpkin.
168.	Okporoko	Stockfish.
169.	Atañụ	Bell.
170.	Opi	Trumpet.
171.	Uwe	Shirt.
172.	Nti	Ear.
173.	Eriri-afọ	Intestine.
174.	Ngele-ngele	Praying-mantis.
175.	Nkpụrụ-osisi	Seed.
176.	Ewi	Rabbit.
177.	Ụfụ	Fox.
178.	Inyinya-ibu	Camel.
179.	Nkwụ	Palm-tree.
180.	Ngwọ	Palm-wine tree.
181.	Akpa	Bag.
182.	Di	Husband.
183.	Nwunye	Wife.
184.	Ụmụ	Children.
185.	Nwa/Nwata	Child.
186.	Ọlụlụ di na nwunye	Marriage.
187.	Igba-akwụkwọ	Marriage ceremony.
188.	Igba alụkwaghi m	Divorce.
189.	Ọzụrụ	Mound or house of termites.
190.	Akika	Termites.
191.	Mmanya	Wine.

192.	Udu mmanya	Keg of palm-wine.
193.	Ihe-ọñụñụ	Drink.
194.	Nne	Mother.
195.	Nna	Father.
196.	Ụmụ-nne	Siblings.
197.	Nwa-nne	A brother or sister.
198.	Mkpisi-aka	Finger or fingers.
199.	Mkpisi-ụkwụ	Toe or toes.
200.	Ụkọ-Chukwu	Pastor or Reverend.
201.	Ákwā	Cloth.
202.	Ākwā	Egg.
203.	Ákwá	Weeping or lamentation.
204.	Iri-uju	Mourning.
205.	Akwa-mmiri	Bridge.
206.	Ikwa-ákwá	Crying or weeping.
207.	Ikwa-ákwā	Sowing cloth.
208.	Iyi-ākwā	To lay egg or laying egg.
209.	Ájá	Sand.
210.	ÁJā	Sacrifice.
211.	Ichụ-ájā	To sacrifice.
212.	Asụsụ	Language.
213.	Okwu	Word.
214.	Amụma-ọgwụ	Magic.
215.	Egbe elu-igwe	Thunder
216.	Amụma-mmiri	Lightening.
217.	Añụ	Bee.
218.	Iwe	Anger, rage.
219.	Ọñụ	Joy, happiness.
220.	Akụpe	Fan.

221.	Ụgbọ-ala	Car.
222.	Igwe ọgba tim-tim	Motor-cycle.
223.	Igwe	Bicycle.
224.	Ọnya	Trap.
225.	Igbe	Box.
226.	Igbe-ozu	Coffin.
227.	Ebili-mmiri	Tempest.
228.	Ndụmọdụ	Advice.
229.	Okwu ndumọdụ	Words of advice.
230.	Onye ara	Mad person.
231.	Abirika	Plantain.
232.	Abirika unere	Banana.
233.	Abirika chara acha	Ripe plantain.
234.	Amụma-ọgwụ (igba-nsi)	Magic.
235.	Onye amụma-ọgwụ	Magician.
236.	Oke-Dibia	Extra-ordinary doctor.

OKWU NA NTAPIA YA.

	OKWU ZURU OKE	NTAPIA YA N'ASỤSỤ OYIBO.
1.	Gini bụ aha gi?	What is your name?
2.	Kwue okwu n'asụsụ gi.	Say something in your language.
3.	Gini ka ina-achọ?	What do you want?
4.	Ọbụ gini bụ mkpa gi?	What do you need?
5.	Ọganiru gi ojuru gi afọ.?	Are you satisfied with your progress?
6.	Nwoke na nwanyi ndia mara mma	This man and a woman are gorgeous.
7.	Ụmụ-akwụkwọ ahụ na-agụsi akwụkwọ ha ike	Those students are very diligent in their studies.
8.	Ndi nne na nna ha nwere obi-añụri n'ihi ọlụ ha	Their parents are proud of their works.

9.	Abụ m nwata nwoke	I am a boy.
10.	Ọbụ nwata nwanyi	She is a girl.
11.	Biko, bia ebea	Please, come here.
12.	Ana m asụ asụsụ Igbo	I speak Igbo language.
13.	Ụlọ nna m mara mma.	My father's house is beautiful.
14.	Ụgbọ-elu na-efe n'elu.	The airplane is flying in the sky.
15.	Ụgbọ-mmiri na-eje ije n'ime mmiri	The ship is traveling in the water.
16.	Izụ-ahia bụ ezi-ọlụ	Trading is a good business.
17.	Di-nta na-alụ ọlụ ya.	The hunter does his work.
18.	Ọkpọ-ụbọ na-akpọ ụbọ di ụtọ.	The guitarist is playing a beautiful music.
19.	Asụsụ Igbo di nfe, dikwa ụtọ.	Igbo language is not only easy, but also beautiful.
20.	Aga m asụ asụsụ Igbo n'ebe niile	I shall speak Igbo language everywhere.
21.	Ọlụ m bụ ibuli asụsụ anyi elu.	My job is to raise the profile of our language.
22.	Ji bụ ihe-oriri.	Yam is food.

23.	Akpụ na ofe-olugbu na-atọ ụtọ nke ukwuu.	Pounded cassava and the bitterleaf soup are pretty delicious.
24.	Ugbua, okwu ndia agwụwo. N'ezie, onye mara asụ, ya sụọ-ọdụ ya n'ime ikwe. Ma, onye nke na-amaghi asụ, ya sụọ-ọdụ nke ya n'apata ya.	Now, this is the end of the word. Indeed, a few wise remarks are enough for the wise one.

www.ingramcontent.com/pod-product-compliance
Lightning Source LLC
LaVergne TN
LVHW010200070526
838199LV00062B/4437